Sadlier We•Believe

CREEMOS™

Jesús comparte la vida de Dios

Jesus Shares God's Life

Segundo curso

Grade Two

Sadlier
Una división de William H. Sadlier, Inc.

Nihil Obstat
✠ Reverendísimo Robert C. Morlino

Imprimatur
✠ Reverendísimo Robert C. Morlino
Obispo de Madison
12 de mayo del 2004

The *Nihil Obstat* and *Imprimatur* are official declarations that a book or pamphlet is free of doctrinal or moral error. No implication is contained therein that those who have granted the *Nihil Obstat* and *Imprimatur* agree with the contents, opinions, or statements expressed.

Acknowledgments

Excerpts from the English translation of the *Catechism of the Catholic Church* for use in the United States of America, © 1994, United States Catholic Conference, Inc.—Libreria Editrice Vaticana. English translation of the *Catechism of the Catholic Church: Modifications from the Editio Typica* copyright © 1997, United States Catholic Conference, Inc.—Libreria Editrice Vaticana. Used with permission.

Scripture excerpts are taken from the *New American Bible with Revised New Testament and Psalms* Copyright © 1991, 1986, 1970, Confraternity of Christian Doctrine, Inc., Washington, D.C. Used with permission. All rights reserved. No part of the *New American Bible* may be reproduced by any means without permission in writing from the copyright owner.

Excerpts from *La Biblia con Deuterocanónicos*, versión popular, copyright © 1966, 1970, 1979, 1983, William H. Sadlier, Inc. Distribuido con permiso de la Sociedad Bíblica Americana. Reservados todos los derechos.

Excerpts from the English translation of *Rite of Baptism for Children* © 1969, International Committee on English in the Liturgy, Inc. (ICEL); excerpts from the English translation of *Lectionary for Mass* © 1969, 1981, ICEL; excerpts from the English translation of *The Roman Missal* © 1973, ICEL; excerpts from the English translation of *Rite of Penance* © 1974, ICEL; excerpts from the English translation of *Rite of Confirmation, 2nd Edition* © 1975, ICEL; excerpts from the English translation of *A Book of Prayers* © 1982, ICEL; excerpts from the English translation of *Book of Blessings* © 1988, International Committee on English in the Liturgy, Inc. All rights reserved.

Excerpts from the *Ritual conjunto de los sacramentos* © 1976, CELAM, Departamento de Liturgia Apartado Aéreo 5278, Bogotá, Colombia. Reservados todos los derechos.

Excerpts from the *Misal Romano* © 1993, Conferencia Episcopal Mexicana, Obra Nacional de la Buena Prensa, A.C. Apartado M-2181, 06000 México, D.F. Reservados todos los derechos.

Excerpts from *Catholic Household Blessings and Prayers* Copyright © 1988, United States Catholic Conference, Inc., Washington, D.C. (The selection in Chapter 14, page 161, has been adapted.) Used with permission. All rights reserved.

English translation of the Lord's Prayer, the Apostles' Creed, the Gloria in Excelsis, the Sursum Corda, the Sanctus, and the Gloria Patri are by the International Consultation on English Texts. (ICET)

"Ven, Espíritu Santo" © 1995, Jaime Cortez. Obra publicada por OCP Publications. Derechos reservados. "Salmo 39: Aquí estoy, Señor" © 1999, José Luis Castillo. Obra publicada por OCP Publications. Derechos reservados. "Yes, We Will Do What Jesus Says" © 1993, Daughters of Charity and Christopher Walker. Published by OCP Publications, 5536 NE Hassalo, Portland, OR 97213. All rights reserved. Used with permission. "We Celebrate with Joy" © 2000, Carey Landry. Published by OCP Publications, 5536 NE Hassalo, Portland, OR 97213. All rights reserved. Used with permission. "El Señor es tierno y compasivo" © 1989, Fernando Rodriguez. OCP Publications. Derechos reservados. "We Come to Ask Forgiveness" © 1986, Carey Landry and North American Liturgy Resources. All rights reserved. "Levántate" © 1989, Cesáreo Gabaráin. Obra publicada por OCP Publications. Derechos reservados. "Stay Awake" © 1988, 1989, 1990, Christopher Walker. Published by OCP Publications, 5536 NE Hassalo, Portland, OR 97213. All rights reserved. Used with permission. "Pan de vida" © 1988, 1995, 1999, Bob Hurd y Pia Moriarty. Obra publicada por OCP Publications. Derechos reservados. "Cantaré alabanzas al Señor" © 1973, Ricardo Mishler. Obra publicada por OCP Publications. Derechos reservados. "God Is Here" © 1990, Carey Landry and North American Liturgy Resources (NALR), 5536 NE Hassalo, Portland, OR 97213. All rights reserved. Used with permission. "Tu palabra me llena" © 1981, Raúl Carranza. OCP Publications. Derechos reservados. "Take the Word of God with You" text © 1991, James Harrison. Music © 1991, Christopher Walker. Text and music published by OCP Publications, 5536 NE Hassalo, Portland, OR 97213. All rights reserved. Used with permission. "Nosotros somos su pueblo/We Are God's People" © 1998, Jaime Cortez. Obra publicada por OCP Publications. Derechos reservados. "¡Aleluya! ¡Gloria a Dios!" © 1991, Carlos Rosas. Obra publicada por OCP Publications. Derechos reservados. "Alleluia, We Will Listen" © 1997, Paul Inwood. Published by OCP Publications, 5536 NE Hassalo, Portland, OR 97213. All rights reserved. Used with permission. "Vienen con alegría" © 1979, Cesáreo Gabaráin. Obra publicada por OCP Publications. Derechos reservados. "Rejoice in the Lord Always" this arrangement © 1975, North American Liturgy Resources. All rights reserved. "Hosanna" © 1997, Jaime Cortez. Obra publicada por OCP Publications. Derechos reservados. "Sing Hosanna" © 1997, Jack Miffleton. Published by OCP Publications, 5536 NE Hassalo, Portland, OR 97213. All rights reserved. Used with permission. "Santos del Señor" © 1993, Jaime Cortez. Obra publicada por OCP Publications. Derechos reservados. "Litany of Saints" music © 1992, John Schiavone. Published by OCP Publications, 5536 NE Hassalo, Portland, OR 97213. All rights reserved. Used with permission. "Amor de Dios/O Love of God" © 1994, 1995, 2000, Bob Hurd y Pia Moriarty. Obra publicada por OCP Publications. Derechos reservados. "Salmo 117: Este es el día" © 1968, Miguel Manzano. Obra publicada por OCP Publications. Derechos reservados. "This Is the Day" Text: Irregular; based on Psalm 118:24; adapt. by Les Garrett. Text and music © 1967, Scripture in Song (a division of Integrity Music, Inc.). All rights reserved.

William H. Sadlier, Inc.
9 Pine Street
New York, NY 10005-1002

ISBN: 0-8215-5202-3
56789/10 09 08 07

El Ad Hoc Committee to Oversee the Use of the Catechism,
de la United States Conference of Catholic Bishops,
consideró que esta serie catequética, copyright 2005,
está en conformidad con el *Catecismo de la Iglesia Católica*.

The Ad Hoc Committee to Oversee the Use of the Catechism,
United States Conference of Catholic Bishops,
has found this catechetical series, copyright 2005,
to be in conformity with the *Catechism of the Catholic Church*.

Photo Credits
Cover Photography: Getty: *wheat & grapes*, Ken Karp: *children*. Eakal Ali: 276–277 *background*, 292–293 *background*. AP Photo Archive/Ben Margot: 280–281, 285 *top*. Art Resource: 82. Lori Berkowitz: 180. Jane Bernard: 38–39, 45 *top left*, 166, 168, 169, 173 *top*, 181 *top*, 224, 228. Black Sheep/Hideaki Ohmura: 46–47, 48–49. Karen Callaway: 37 *bottom*, 44 *top right*, 50, 51, 53, 56 *top*, 57 *top*, 61, 62, 63, 68 *top*, 69 *top*, 70, 87, 96, 97 *center*, 98 *top left*, 99 *top right*, 108 *top*, 126–127, 136, 137, 138, 139, 144 *top*, 176–177, 178–179, 181 *bottom*, 185 *top*, 190–191, 197 *top*, 200–201, 203, 204, 205, 208 *top*, 209 *top*, 213, 215, 221 *top*, 307, 308, 309 *bottom right* and *bottom left*, 310, 311, 312, 313 *bottom right* and *bottom left*, 314. CORBIS/Paul Barton: 141 *right*; Ed Bock: 104–105; Chuck Savage: 160. Mug Shots: 140 *left*; Raymond Gehman: 193 *bottom right*; Rob Lewine: 196 *center*, 197 *center*; AFP: 255 *top*, 260 *top*; Jonathan Blair: 256, 290, 297 *top*. Crosiers/Gene Plaisted, OSC: 20, 21, 32 *center left*, 33 *center right*, 44 *center*, 45 *center*, 102–103, 120, 121 *center*, 184 *center* 185 *center*, 204, 205. Neal Farris: 10, 11, 22–23, 34, 35, 37 *top*, 64, 65, 69 *bottom*, 97 *bottom*, 108 *center*, 109 *bottom*, 109 *center*, 128–129, 133 *top*, *bottom*, 141 *left*, 146 *center*, 174, 221 *bottom*, 242 *left*, 257, 268, 273 *top*, 273 *bottom*. Getty: 16–17 *background*, 45 *bottom*, 56 *left*, 57 *center*, 98 *bottom left*, 99 *bottom right*, 100 *school sign*, 140 *right*, 147 *center*, 220 *center*, 221 *center*, 241, 248 *top*, 254–255 *bottom*. Ken Karp: 26–27, 28–29, 33 *top*, *bottom*, 71 *top right*, 76 *top*, 111, 116–117, 121 *bottom*, 134–135, 145 *top*, 146 *top left*, *bottom left*, 147 *top right*, *bottom right*, 162–163, 175, 185 *bottom*, 197 *bottom*, 202, 209 *bottom*, 210–211, 249 *bottom*, 250–251, 261, 274–275, 285 *bottom*, 286–287, 291, 300–301, 304–305, 309 *top left*, 313 *top left*, 320. Greg Lord: 21, 57, 62–63 *background*, 243. *The Messenger*/Liz Quirin: 252. Natural Selection Stock Photography: 216–217. Orion Press: 64–65 *background*. Panos Pictures/Chris Sattlberger: 193 *left*; Jan Banning: 192 *top*. Photo Edit/Tony Freeman: 71 *bottom left*, 225 *left*; Richard Hutchings: 225 *right bottom*, 229; Michael Newman: 225 *top*. Chris Sheridan: 244 *top*, 244 *bottom*, 245. Superstock: 161 *bottom*, 188–189 *background*, 200–201 *background*, 240, 260 *bottom*, 261 *center*, 298–299. TimePix/Jayanta Shaw: 192 *bottom*, 196 *top*; Steve Liss: 269. W. P. Wittman, Photography: 36, 126–127 *background*, 144 *center*, 145 *center*, 167, 172 *center*, 173 *center*, 208 *center*, 209 *center*, 232, 236 *top*, *bottom*, 237 *bottom*, 242 *right*, 248 *bottom*, 249 *top*, 249 *center*, 284–285 *center*, 308 *bottom left*, 309 *top right*, 312 *bottom left*, 313 *top right*.

Illustrator Credits
Cover Design: Kevin Ghiglione. Series Patterned Background Design: Evan Polenghi. Bernard Adnet: 34–35. James Bernardin: 12–13, 14–15, 20, 21, 80–81, 84 *top*, 85 *top*, 86, 90–91, 96 *top*, 97 *top*, 100–101, 109 *top*, 110, 120, 124–125, 132, 164–165, 172, 252–253, 261, 264, 265, 272, 288–289, 296 *top*. Teresa Berasi: 204–205. Linda Bild: 280–281. Janet Broxon: 238–239, 240–241. Gwen Connelly: 244–245, 250–251. Margaret Cusack: 186–187. Jeanne de la Houssaye: 190–191. Ed Gazsi: 214, 220, 276–277, 278–279, 284 *top*. Adam Gordon: 34–35. Annie Gusman: 166–167. Lisa Henderling: 266–267. John Hovell: 212–213. W. B. Johnston: 114–115, 140–141, 164–165 *bottom*. Martin Lemelman: 273 *top right*. Chris Lensch: 128–129, 133. Andy Levine: 60 *top*, 68 *left*, 69 *center*. Anthony Lewis: 98–99, 108. Lori Lohstoeter: 134–135. Deborah Melmon: 262–263. Judith Moffatt: 122–123. Amy Ning: 136–137. Marian Nixon: 10–11. Larry Paulsen: *background illllustration for Review, We Respond and Share the Faith pages*. Donna Perrone: 138–139. Ceciliá Pluá: 180–181, 264–265 *background*. Karen Pritchett: 124–125 *border*. Jesse Reisch: 174–175, 176–177, 184 *top*. Saul Rosenbaum: 52. Rich Rossi: 112–113. Bob Shein: 88–89, 193. Neil Slave: 28–29. Suzanne Staud: 24–25, 32. Susan Swan: 70–75, 78–85, 146–161, 222–237, 298–303. Terry Taylor: 110–111 *background*. Candace Whitman: 58–59.

El programa *Creemos/We Believe* de Sadlier fue desarrollado por un reconocido equipo de expertos en catequesis, desarrollo del niño y currículo a nivel nacional. Estos maestros y practicantes de la fe nos ayudaron a conformar cada lección a la edad de los niños. Además, un equipo de respetados liturgistas, catequistas, teólogos y ministros pastorales compartieron sus ideas e inspiraron el desarrollo del programa.

El programa está basado en la sabiduría de la comunidad e incluye personalidades tales como:

Gerard F. Baumbach, Ed.D.
Director, Centro de Iniciativas Catequéticas
Profesor de teología
University of Notre Dame

Carole M. Eipers, D.Min.
Directora Ejecutiva de Catequesis
William H. Sadlier, Inc.

Consultores en liturgia y catequesis

Reverendo Monseñor John F. Barry
Párroco, Parroquia American Martyrs
Manhattan Beach, CA

Hermana Linda Gaupin, CDP, Ph.D.
Directora de Educación Religiosa
Diócesis de Orlando

Mary Jo Tully
Canciller, Arquidiócesis de Portland

Reverendo Monseñor John M. Unger
Superintendente Asociado
de Educación Religiosa
Arquidiócesis de San Luis

Consultores en currículo y desarrollo del niño

Hermano Robert R. Bimonte, FSC
Ex Superintendente de Educación Católica
Diócesis de Buffalo

Gini Shimabukuro, Ed.D.
Profesora Asociada
Institute for Catholic Educational Leadership
Escuela de Educación
Universidad de San Francisco

Consultores en la escritura

Reverendo Donald Senior, CP, Ph.D., S.T.D.
Miembro, Comisión Bíblica Pontificia
Presidente, Catholic Theological Union
Chicago, IL

Consultores en multicultura

Reverendo Allan Figueroa Deck, SJ, Ph.D.
Director Ejecutivo
Loyola Institute for Spirituality
Orange, CA

Kirk Gaddy
Director, St. Katharine School
Baltimore, MD

Reverendo Nguyễn Việt Hưng
Comité Catequético Vietnamita

Doctrina social de la Iglesia

John Carr
Secretario, Departamento de Desarrollo
Social y Paz Mundial, USCCB

Joan Rosenhauer
Coordinadora, Proyectos Especiales
Departamento de Desarrollo Social
y Paz Mundial, USCCB

Consultores en medios y tecnología

Hermana Caroline Cerveny, SSJ, D.Min.
Directora Asociada, Technología Académica
St. Leo University, Florida

Hermana Judith Dieterle, SSL
Ex Presidenta, Asociación Nacional de
Profesionales en Catequesis y Medios

Hermana Jane Keegan, RDC
Editora del Internet
William H. Sadlier, Inc.

Indice

Contents

UNIT 3

Jesus Gives Himself in the Eucharist

UNIT 4

We Live Our Catholic Faith

Jesús es el Hijo de Dios

NOS CONGREGAMOS

✝ **Líder:** Nos ponemos de pie para orar.

Niña: Gloria al Padre,

Niño: Gloria al Hijo,

Niña: y Gloria al Espíritu Santo.

Todos: Como era en el principio, ahora y siempre, por los siglos de los siglos. Amén.

 Dios llenó nuestro mundo de cosas maravillosas. Nombra tu favorita.

CREEMOS

Dios Padre envió a su Hijo, Jesús, para estar con nosotros.

Dios Padre nos ama mucho. El nos da muchos regalos. Jesús es el mejor regalo que Dios nos ha dado. Jesús es el Hijo de Dios.

María era una joven judía. Dios Padre envió a un ángel a visitar a María. El ángel le dijo que Dios la había escogido para ser la madre de su Hijo. María aceptó el plan de Dios. El ángel también le dijo que el nombre del niño sería Jesús. El nombre *Jesús* tiene un significado especial. Quiere decir "Dios salva".

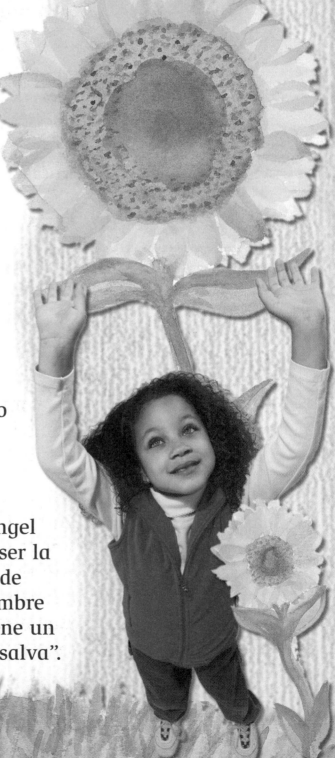

Jesus Is the Son of God

WE GATHER

✝ **Leader:** Let us stand and pray.

Child 1: Glory to the Father,

Child 2: and to the Son,

Child 3: and to the Holy Spirit:

All: as it was in the beginning, is now, and will be for ever. Amen.

 God has filled our world with wonderful gifts. Name your favorite.

WE BELIEVE

God the Father sent his Son, Jesus, to be with us.

God the Father loves us very much. He gives us many gifts. Jesus is God's greatest gift to us. Jesus is the Son of God.

Mary was a young Jewish girl. God the Father sent an angel to Mary. The angel told her that God chose her to be the mother of his Son. Mary agreed to God's plan. The angel also told her to name the child Jesus. The name *Jesus* has a special meaning. It means "God saves."

11

Jesús vivió con su madre, María, y su padre adoptivo, José. Llamamos a Jesús, María y José la **sagrada familia**.

La sagrada familia vivió en un pueblo llamado Nazaret. Mientras crecía, Jesús aprendió de su familia y maestros sobre la fe judía. Aprendió y obedeció las leyes de Dios. Rezó y celebró los días de fiesta.

 Habla de lo que Jesús hizo cuando era un niño.

Jesús es humano como nosotros.

Cuando Jesús tenía aproximadamente treinta años, empezó a enseñar en muchos lugares. Jesús quería que todo el mundo supiera que podía compartir el amor de Dios. Esa fue la buena nueva que Jesús dio al pueblo de Dios.

Jesús era el Hijo de Dios pero también era humano. La gente podía verlo y hablar con él, tocarlo y escucharlo. Jesús les dijo:

• Dios ama a todo el mundo.

• Dios quiere que todos amen a Dios, a ellos mismos y a los demás.

• Dios es su Padre.

• Dios debe ser lo más importante en sus vidas.

Jesús también enseñó con obras. El dio de comer a los que tenían hambre. Jesús alentó a los tristes. El cuidó de los pobres.

Jesus lived with his mother, Mary, and his foster father, Joseph. We call Jesus, Mary, and Joseph the **Holy Family**.

The Holy Family lived in the town of Nazareth. As Jesus grew, he learned from his family members and teachers about the Jewish faith. He learned and obeyed God's laws. He prayed and celebrated religious holidays.

Talk about what Jesus did when he was your age.

Jesus is human like us.

When Jesus was about thirty years old, he began to teach in many places. Jesus wanted everyone to know that they could share in God's great love. That was the good news Jesus gave to God's people.

Jesus was God's Son but he was also human. People could see Jesus and talk to him. They could touch him and hear him. Jesus told them:

- God loves all people.
- God wants all people to love God, themselves, and others.
- God is their Father.
- God should be the most important one in their lives.

Jesus also taught people by his actions. He fed the hungry. Jesus comforted those who were sad or lonely. He cared for the poor.

Jesús quería que el pueblo supiera que Dios siempre los amaba. Jesús ayudó al pueblo a ver que ellos debían rezar a Dios, su Padre. El enseñó a la gente una oración que nosotros aún rezamos.

Organiza las letras para encontrar el nombre de la oración.

N P U D O R T E R S A E

_____

Jesús hizo cosas que sólo Dios puede hacer.

Jesús es el Hijo de Dios. El hizo cosas maravillosas por el pueblo. El mostró al pueblo que él era divino. **Divino** es una palabra usada sólo para describir a Dios. Significa que Jesús es Dios y que hizo cosas que sólo Dios puede hacer.

Mateo 8:14–15

Un día Jesús fue a visitar a Pedro. "Donde encontró a la suegra de este en cama y con fiebre. Jesús tocó entonces la mano de ella, y la fiebre se le quitó, así que ella se levantó y comenzó a atenderlos". (Mateo 8:14–15)

Jesús sanó a muchas personas. El resucitó personas. También perdonó los pecados.

¿Qué quieres decir a Jesús sobre las maravillas que hizo?

Jesus wanted people to know that God always cares for them. Jesus helped people to know that they could always pray to God his Father. Jesus taught the people a prayer that we still pray today.

 Find the name of the prayer Jesus taught. Unscramble the sets of letters.

U R O   H R A F E T

_____

Jesus did things only God can do.

Jesus is the Son of God. He did amazing things for people. He showed people that he was divine. **Divine** is a word we use to describe God. This means that Jesus is God and could do things only God can do.

Matthew 8:14–15

One day Jesus visited the family of Peter, one of Jesus' closest friends. "Jesus entered the house of Peter, and saw his mother-in-law lying in bed with a fever. He touched her hand, the fever left her, and she rose and waited on him." (Matthew 8:14–15)

Jesus healed many other people, too. He brought people back to life. He even forgave people their sins.

What would you like to say to Jesus about the wonderful things he did?

Jesús, el Hijo de Dios, nos enseñó sobre Dios el Padre y Dios el Espíritu Santo.

La noche antes de morir, Jesús compartió una comida muy especial con sus amigos. Jesús les habló sobre Dios, Padre. Después les dijo que pediría al Padre enviar al Espíritu Santo. Dios, Espíritu Santo, les ayudaría a recordar todo lo que él les había enseñado.

Jesús nos enseñó que hay un solo Dios. Pero que hay tres Personas en un Dios.

El Padre es Dios.
El Hijo es Dios.
El Espíritu Santo es Dios.
Llamamos a estas tres Personas en un solo Dios, **Santísima Trinidad**.

Vocabulario

sagrada familia la familia de Jesús, María y José

divino palabra usada sólo para describir a Dios

Santísima Trinidad tres Personas en un solo Dios

RESPONDEMOS

¿Cómo puedes mostrar tu amor por Dios Padre, Dios Hijo y Dios Espíritu Santo? Escríbelo aquí.

_____

_____

Como católicos...

Cuando Jesús enseñó usó parábolas. Parábolas son historias cortas. En estas historias, Jesús habló sobre cosas de la vida diaria. Algunas de esas cosas eran pájaros, semillas, ovejas, flores, y familias. La multitud escuchaba en silencio. Jesús usó esas parábolas para hablar sobre el amor de Dios.

¿Has escuchado algunas de las parábolas de Jesús?

Jesus, the Son of God, taught us about God the Father and God the Holy Spirit.

On the night before Jesus died, he shared a very special meal with his close friends. Jesus told them about God the Father. Then Jesus said that he would ask his Father to send the Holy Spirit. God the Holy Spirit would help them to remember everything that Jesus taught them.

Jesus taught us that there is only one God. But there are three Persons in one God.

The Father is God.
The Son is God.
The Holy Spirit is God.
We call the three Persons in one God the **Blessed Trinity**.

Key Words

Holy Family the family of Jesus, Mary, and Joseph

divine a word used to describe God

Blessed Trinity the three Persons in one God

WE RESPOND

👤 How can you show your love for God the Father, God the Son, and God the Holy Spirit? Write one way here.

_____

_____

As Catholics...

When Jesus taught, he used parables. Parables are short stories. In these stories, Jesus talked about things from everyday life. Some of the things he talked about were flowers, seeds, birds, sheep, and families. The crowds listened carefully to these stories. Jesus used these parables to tell everyone about God's love.

Have you ever heard one of Jesus' parables?

Capítulo 1

Encierra en un círculo la respuesta correcta.

1. La sagrada familia es Jesús, María y _____ .

      el Espíritu Santo   José

2. El nombre _____ significa "Dios salva".

      Jesús   Trinidad

3. Jesús trajo la _____ de que Dios ama a todo el mundo.

      buena nueva   mala noticia

4. Jesús nos enseñó que Dios _____ está con nosotros.

      algunas veces   siempre

Completa la oración.

5. Las tres Personas de la Santísima Trinidad son

_____

Reflexiona y ora

Jesús quiere que hablemos con él cuando estemos tristes o preocupados. También quiere que compartamos nuestras alegrías con él. Escribe algo que quieres decir a Jesús.

_____

Review

Chapter 1

Circle the correct answer.

1. The Holy Family is Jesus, Mary, and _____.

      the Holy Spirit   Joseph

2. The name _____ means "God saves."

      Jesus   Trinity

3. Jesus brought the _____ that God loves all people.

      good news   sad news

4. Jesus taught us that God is with us _____.

      sometimes   always

Complete the sentence.

5. The three Persons in the Blessed Trinity are

_____

Reflect & Pray

Jesus wants us to talk to him when we are feeling worried or upset. He also wants us to share with him when we are happy. Write something that you want to tell Jesus.

_____

Respondemos y compartimos la fe

Compartiendo lo aprendido

Mira la ilustración. Usala para contar a tu familia lo que aprendiste en este capítulo.

Para que todos vean

"Jesús seguía creciendo y gozaba del favor de Dios y de los hombres".
Lucas 2:52

Recuerda

- Dios Padre envió a su Hijo, Jesús, para estar con nosotros.
- Jesús es humano como nosotros.
- Jesús hizo cosas que sólo Dios puede hacer.
- Jesús, el Hijo de Dios, nos enseñó sobre Dios el Padre y Dios el Espíritu Santo.

NUESTRA VIDA CATOLICA

Respetando a todo el mundo

Dios Padre creó a todo el mundo. Dios quiere que respetemos a todas las personas. Muchas veces es fácil recordar respetar a los mayores. Algunas veces es difícil recordar respetar a los que tienen nuestra edad o son más pequeños, a los que hablan otro idioma o a los que son diferentes a nosotros.

Visita Sadlier en
www.CREEMOSweb.com

Conexión con el Catecismo
Para referencia vea los párrafos 422, 470, 548 y 243.

We Respond and Share the Faith

Sharing What I Learned

Look at the picture. Use it to tell your family what you learned in this chapter.

Remember

- God the Father sent his Son, Jesus, to be with us.
- Jesus is human like us.
- Jesus did things only God can do.
- Jesus, the Son of God, taught us about God the Father and God the Holy Spirit.

For All to See

"And Jesus advanced [in] wisdom and age and favor before God and man."
Luke 2:52

OUR CATHOLIC LIFE

We Respect All People

God the Father created all people. God wants us to respect every person on earth. Many times it is easy to remember to show respect for those who are older than we are. Sometimes we find it hard to remember to show respect for people who are our age or younger, who speak another language, or who seem different from us.

Connect to the Catechism
For adult background and reflection, see paragraphs 422, 470, 548, and 243.

Jesucristo nos da la Iglesia

NOS CONGREGAMOS

✝ **Líder:** Vamos a escuchar con atención una historia sobre Jesús.

📖 Mateo 4:18–22

Un día Jesús caminaba por la orilla del mar. El vio a Pedro y a Andrés pescando con una red. Jesús los llamó y les pidió seguirle. "Al momento dejaron sus redes y se fueron con él". (Mateo 4:20)

Todos: Jesús queremos seguirte.

☀ Nombra algunos de tus maestros y sus ayudantes. ¿Cómo puedes seguir su ejemplo?

CREEMOS

Jesús reunió a muchos seguidores para que fueran sus discípulos.

Jesús habló al pueblo acerca del amor de Dios Padre. El se preocupó por los pobres y los enfermos.

Muchos empezaron a seguir a Jesús. Los que le siguieron fueron llamados **discípulos**.

Jesús enseñó a los discípulos a amarse y ayudarse unos a otros. Jesús los ayudó a ser una comunidad de creyentes en él.

Jesus Christ Gives Us the Church

WE GATHER

✝ **Leader:** Let us take a quiet moment to listen carefully to a story about Jesus.

📖 Matthew 4:18–22

One day Jesus was walking by the sea. He saw Peter and Andrew catching fish with a net. Jesus called them, and asked them to come follow him. "At once they left their nets and followed him." (Matthew 4:20)

All: Jesus, we will follow you.

 Name some of your teachers and helpers. How do you follow their example?

WE BELIEVE

Jesus gathered many followers to be his disciples.

Jesus taught people about God the Father's love. He cared for those who were sick and poor.

Many people began to follow Jesus. Those who followed Jesus were called his **disciples**.

Jesus taught the disciples to love and to help one another. Jesus helped them to become a community of people who believed in him.

De esta comunidad, Jesús escogió a doce para ser los líderes. Llamamos a esos doce hombres los **apóstoles**.

(símbolo) Jesús también te invita a ti a seguirle. Escribe tu nombre en la línea.

_____

es un discípulo de Jesús.

Jesús murió y resucitó a una nueva vida.

Jesús contó la buena nueva a todos. No todos creyeron las cosas que, en nombre de Dios, Jesús hizo y dijo. Esas personas dieron muerte a Jesús.

Jesús murió en una cruz. Después su cuerpo fue puesto en una tumba.

(símbolo) Mateo 28:1–6

Temprano en la mañana, algunas mujeres discípulos fueron a visitar la tumba. Un ángel estaba sentado frente a la tumba. El ángel les dijo que Jesús había resucitado de la muerte.

Jesús murió y resucitó para salvarnos del pecado. Que Jesús volviera a vivir después de la muerte es lo que llamamos **resurrección**. Celebramos la resurrección de Jesús en la Pascua.

(símbolo) Vamos a cantar un Aleluya para mostrar nuestro gozo por la resurrección de Jesús.

Como católicos...

Celebramos la resurrección de Jesucristo en la Pascua y cada domingo. En cada misa recordamos que Jesús murió y resucitó a una nueva vida. Recuerda esto durante la misa esta semana.

From this community, Jesus chose twelve disciples to become its leaders. We call these twelve men the **apostles**.

Jesus invites you to follow him, too! Write your name on the line.

is a disciple of Jesus.

Jesus died and rose to new life.

Jesus tried to share his good news with everyone. Some of the people did not believe in the amazing things Jesus said and did in God's name. There were people who wanted to put Jesus to death.

Jesus was put to death on a cross. Then his body was placed in a tomb.

Matthew 28:1–6

Early on Sunday morning, some women disciples of Jesus went to visit the tomb. An angel was sitting in front of the tomb. The angel said that Jesus had risen from the dead.

Jesus died and rose to save us from sin. Jesus' rising from the dead is called the **Resurrection**. We celebrate Jesus' Resurrection on Easter.

Let us sing Alleluia to show our joy in Jesus' Resurrection.

As Catholics...

We celebrate the Resurrection of Jesus Christ at Easter and on every Sunday of the year. At every Mass we remember that Jesus died and rose to new life. Remember this at Mass this week.

Jesús prometió enviar al Espíritu Santo.

Después de resucitar, Jesús visitó a sus discípulos antes de regresar al cielo. El prometió que Dios, Espíritu Santo, vendría a ayudarlos.

📖 Hechos de los apóstoles 2:1–4

Una mañana, los discípulos estaban reunidos. También estaban María, la madre de Jesús, y otras mujeres. De repente, escucharon un ruido como si fuera un viento fuerte. Luego vieron lo que parecía lenguas de fuego sobre las cabezas de cada uno. "Y todos quedaron llenos del Espíritu Santo". (Hechos de los apóstoles 2:4)

Usa la clave para encontrar el día en que el Espíritu Santo vino a los discípulos.

E	P	T	C	O	S	N
1	2	3	4	5	6	7

_ _ _ _ _ _ _ _ _ _ _
2 1 7 3 1 4 5 6 3 1 6

En Pentecostés, una gran multitud se reunió. Los discípulos querían hablar de Jesús a todo el mundo.

Pedro habló a la multitud. El les pidió que se bautizaran y recibieran el don del Espíritu Santo. Muchos fueron bautizados ese día.

Jesus promised to send the Holy Spirit.

The risen Jesus visited his disciples before he returned to heaven. He promised to send the Holy Spirit to help them.

 Acts of the Apostles 2:1–4

One morning, the disciples were all together. Mary, the mother of Jesus, and some women were among them. Suddenly, they heard a noise like a strong wind. Then they saw what looked like flames of fire over each of them. "And they were all filled with the holy Spirit." (Acts of the Apostles 2:4)

👤 Use this code to find out what we call the day on which the Holy Spirit came to the disciples.

E	P	T	C	O	S	N
1	2	3	4	5	6	7

___ ___ ___ ___ ___ ___ ___ ___ ___ ___

2 1 7 3 1 4 5 6 3

On Pentecost, a large crowd had gathered. The disciples wanted to tell the people about Jesus.

Peter spoke to the crowd. He asked them to be baptized and receive the gift of the Holy Spirit. Many people were baptized that day.

El Espíritu Santo ayuda a la Iglesia a crecer.

La Iglesia empezó en Pentecostés. La **Iglesia** son todos los bautizados en Jesucristo y que siguen sus enseñanzas.

El Espíritu Santo ayudó a los primeros miembros de la Iglesia a:

- creer en Jesús y a rezar
- ser valientes seguidores de Jesús
- amar a los demás y a ser una comunidad
- enseñar y ayudar a la gente como lo hizo Jesús.

El Espíritu Santo también nos ayuda a vivir como Jesús nos enseñó. El Espíritu Santo nos ayuda a hablar de Jesús a otros.

RESPONDEMOS

Habla sobre algunas de las cosas que hace la Iglesia. Escenifica algo que te gustaría hacer como miembro de la Iglesia.

28

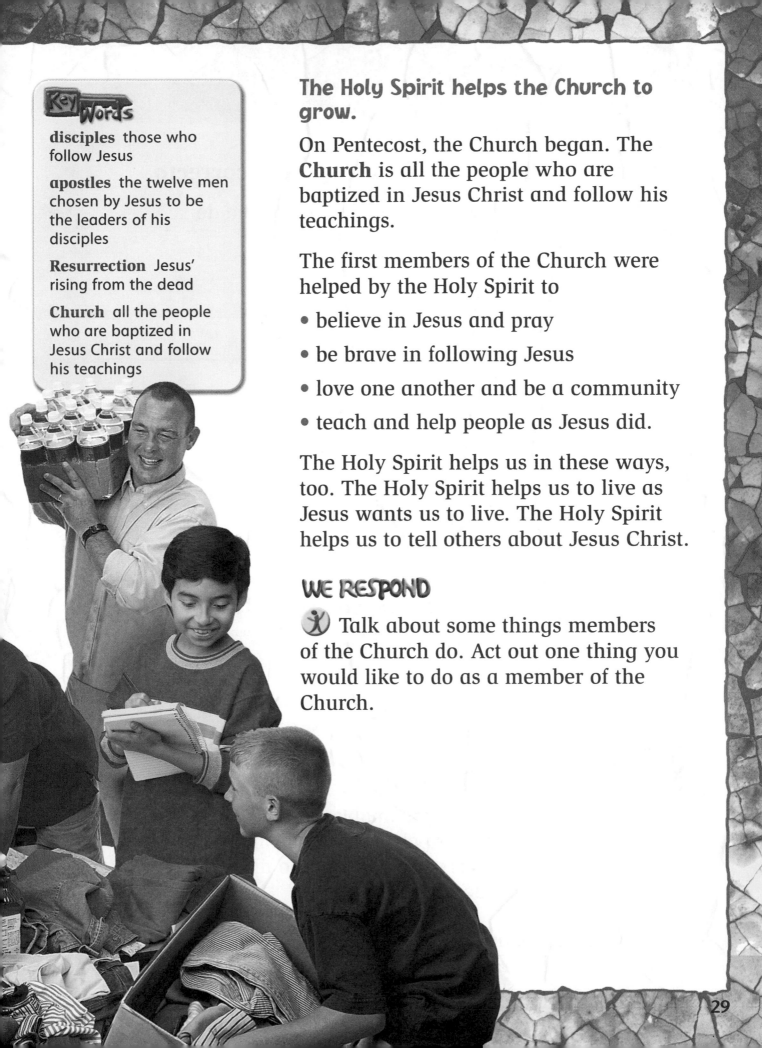

Key Words

disciples those who follow Jesus

apostles the twelve men chosen by Jesus to be the leaders of his disciples

Resurrection Jesus' rising from the dead

Church all the people who are baptized in Jesus Christ and follow his teachings

The Holy Spirit helps the Church to grow.

On Pentecost, the Church began. The **Church** is all the people who are baptized in Jesus Christ and follow his teachings.

The first members of the Church were helped by the Holy Spirit to

- believe in Jesus and pray
- be brave in following Jesus
- love one another and be a community
- teach and help people as Jesus did.

The Holy Spirit helps us in these ways, too. The Holy Spirit helps us to live as Jesus wants us to live. The Holy Spirit helps us to tell others about Jesus Christ.

WE RESPOND

Talk about some things members of the Church do. Act out one thing you would like to do as a member of the Church.

29

Encierra en un círculo la respuesta correcta.

1. Celebramos la resurrección de Jesús el día de _____.

   Pentecostés   Pascua

2. Los que siguen a Jesús son llamados _____.

   pescadores   discípulos

3. Jesús murió y resucitó de nuevo a la vida para _____.

   salvarnos   honrarnos

4. Pentecostés fue el _____ de la Iglesia.

   final   inicio

Con tus propias palabras completa la oración.

5. El Espíritu santo ayuda a la Iglesia

_____

Reflexiona y ora

Los discípulos de Jesús son amables y justos. Ellos están dispuestos a servir a los pobres y a los débiles. Ellos rezan y estudian sobre Jesús y la Iglesia. Como discípulo, ¿qué encuentras difícil de hacer?

Espíritu Santo, ayúdame _____

_____

Chapter 2

Circle the correct answer.

1. We celebrate Jesus' Resurrection on _____.

   Pentecost   Easter

2. Those who follow Jesus are his _____.

   fishermen   disciples

3. Jesus died and rose to new life to _____ us.

   save   honor

4. On Pentecost the Church _____.

   ended   began

Use your own words to complete the sentence.

5. The Holy Spirit helps the Church

   _____

Reflect & Pray

Disciples of Jesus are kind and fair. They are willing to serve the poor and the weak. They pray and study about Jesus and the Church. What do you find hard to do as a disciple?

Holy Spirit, help me _____

_____

Respondemos y compartimos la fe

Compartiendo lo aprendido

Mira la ilustración. Usala para contar a tu familia lo que aprendiste en este capítulo.

Para que todos vean

"Todos quedaron llenos del Espíritu Santo".
Hechos de los apóstoles 2:4

Recuerda

- Jesús reunió a muchos seguidores para que fueran sus discípulos.
- Jesús murió y resucitó a una nueva vida.
- Jesús prometió enviar al Espíritu Santo.
- El Espíritu Santo ayuda a la Iglesia a crecer.

NUESTRA VIDA CATOLICA

Respeto al trabajo

Después de Pentecostés, los discípulos de Jesús trabajaron mucho para predicar su mensaje del amor de Dios. Ellos hicieron lo mejor que pudieron para ayudar a la Iglesia a crecer. La Iglesia enseña que nuestro trabajo es una manera de alabar a Dios. Nuestro trabajo hace notar las buenas cosas del mundo. Debemos apreciar el trabajo de todo el mundo.

Visita Sadlier en

www.CREEMOSweb.com

Conexión con el Catecismo
Para referencia vea los párrafos 787, 638, 729 y 737.

We Respond and Share the Faith

Sharing What I Learned

Look at the picture. Use it to tell your family what you learned in this chapter.

For All to See

"They were all filled with the holy Spirit."
Acts of the Apostles 2:4

Remember

- Jesus gathered many followers to be his disciples.
- Jesus died and rose to new life.
- Jesus promised to send the Holy Spirit.
- The Holy Spirit helps the Church to grow.

OUR CATHOLIC LIFE

Respect for Work

After Pentecost, Jesus' disciples worked hard to spread his message of God's love. They did their best to help the Church grow. The Church teaches that our work is a way to give praise to God. Our work brings about good things in the world. We should appreciate the work every person does.

Connect to the Catechism
For adult background and reflection, see paragraphs 787, 638, 729, and 737.

Visit Sadlier's
www.CREEMOSweb.com

NOS CONGREGAMOS

✝ Nos ponemos de pie para rezar.

Grupo 1

"¡Canten al Señor con alegría,
    habitantes de toda la tierra!"

Grupo 2

"Reconozcan que el Señor es Dios;
    él nos hizo y somos suyos". (Salmo 100:1, 3)

 Nombra algunas comunidades a las que perteneces. ¿Qué haces en esos grupos?

CREEMOS

Pertenecemos a la Iglesia Católica.

Perteneces a la comunidad llamada Iglesia Católica. Somos **católicos**. Nos hacemos miembros de la Iglesia cuando somos bautizados. Somos guiados por el papa y los obispos.

Algunas de las cosas que los católicos alrededor del mundo comparten son:

- creer que Jesús es el Hijo de Dios
- creer que Jesús sufrió, murió y resucitó para salvarnos
- que Dios es vida y amor
- que somos llamados a servir a otros como lo hizo Jesús.

We Celebrate God's Love

3

WE GATHER

✝ Let us stand to pray.

Group 1

"Shout joyfully to the LORD, all you lands."

Group 2

"Know that the LORD is God,
our maker to whom we belong."

(Psalm 100:1, 3)

 Name communities to which you belong.
What do you do together in these groups?

WE BELIEVE

We belong to the Catholic Church.

We belong to the Church community that is
called the Catholic Church. We are **Catholics.**
We become members of the Church when we
are baptized. We are led and guided by the
pope and bishops.

Some of the things that Catholics throughout
the world share and celebrate are:

- the belief that Jesus is the Son of God
- the belief that Jesus suffered, died, and rose
again to save us
- God's life and love
- a call to help and serve others as Jesus did.

ramos y trabajamos juntos en comunidades llamadas **parroquias**. Sacerdotes dirigen nuestras comunidades parroquiales. Ellos trabajan con personas de la parroquia. La parroquia satisface las necesidades de todos, en especial los enfermos y los desamparados.

Completa la oración escribiendo el nombre de tu parroquia.

Pertenezco a la parroquia

_____.

Celebramos el amor de Dios rezando y adorando.

Jesús y sus discípulos compartieron y celebraron su fe en Dios. **Fe** es un don de Dios. La fe nos ayuda a confiar en Dios y a creer todo lo que él nos dice.

Los católicos también nos congregamos a celebrar nuestra fe en Dios y su amor. Rendimos **culto** a Dios. Esto quiere decir que le damos gracias y lo alabamos. Cuando nos reunimos a adorar, Dios está con nosotros. Muchas veces alabamos a Dios con palabras de la Escritura:

"¡Canten al Señor con alegría,
    habitantes de toda la tierra!"
    (Salmo 100:1)

Como católicos...

En la Iglesia Católica, nuestra parroquia es como nuestro hogar. Millones de católicos alrededor del mundo se reúnen en sus comunidades parroquiales. En sus parroquias, los católicos alaban y adoran a Dios. Ellos celebran los sacramentos. Aprenden más sobre su fe. Juntos hacen buenas obras por las personas de sus comunidades y del mundo.

We worship and work together in communities called **parishes**. Our parish communities are led and guided by priests. They work with men and women of the parish. The whole parish serves the needs of others, especially the poor, sick, and lonely.

🏃 Complete the sentence by writing the name of your parish.

I belong to _____ parish.

As Catholics...

In the Catholic Church, our parish is like our home. Millions of Catholics all around the world gather in their parish communities. In their parishes, Catholics praise and worship God. They celebrate the sacraments. They learn more about their faith. Together they do good works for the people in their communities and in the world.

Catholics celebrate God's love by praying and worshiping.

Jesus and his disciples often shared and celebrated their faith in God. **Faith** is a gift from God. It helps us to trust God and believe all that he tells us.

Catholics, too, gather to celebrate their faith in God and his love. We **worship** God. This means we give him thanks and praise. When we gather to worship, God is with us. We often praise God with words from Scripture:

"Shout joyfully to the LORD, all you lands." (Psalm 100:1)

Nos reunimos como comunidad parroquial todas las semanas en la misa. Celebramos lo que Jesús hizo por nosotros durante su vida, muerte y resurrección. Celebramos que Jesús está siempre con nosotros. Alabamos a Dios el Padre, por medio de su Hijo, Jesucristo, junto con el Espíritu Santo. Dios nos da la fuerza para compartir su gran amor.

Colorea esta palabra que usamos para alabar.

Aleluya

Nuestra Iglesia celebra con siete signos especiales llamados sacramentos.

La Iglesia celebra con signos. Los signos que usa la Iglesia son diferentes de los signos comunes.

Los signos especiales que la Iglesia celebra son los siete sacramentos. Un **sacramento** es un signo especial dado por Jesús. Dios nos hace santos por medio de los sacramentos. Jesús nos dio estos sacramentos para que pudiéramos compartir la vida de Dios.

Nos reunimos como comunidad de la Iglesia para celebrar estos sacramentos. Nos fortalecemos en la fe. Crecemos como seguidores de Jesús.

We gather as a parish community each week at Mass. We celebrate all that Jesus has done for us through his life, his death, and his Resurrection. We celebrate that Jesus is with us always. We praise God the Father, through his Son, Jesus Christ, together with the Holy Spirit. God gives us the strength to go out and share his great love.

🧍 Color this word we use in worship.

Alleluia

Our Church celebrates with seven special signs called sacraments.

The Church celebrates with signs. But the signs the Church uses are different from ordinary signs.

The special signs the Church celebrates are the seven sacraments. A **sacrament** is a special sign given to us by Jesus. God makes us holy through the sacraments. Jesus gave us these sacraments so that we can share in God's own life.

We gather as a Church community to celebrate these sacraments. We become stronger in faith. We grow as followers of Jesus.

Jesús está con nosotros en los siete sacramentos.

Por medio del don de la fe de Dios creemos que Jesús está con nosotros. Cada vez que celebramos los sacramentos, Jesús está con nosotros por medio del poder del Espíritu Santo. Los sacramentos nos ayudan a vivir como amigos de Jesús.

Los siete sacramentos

Lee conmigo

Bautismo nos hace hijos de Dios y miembros de la Iglesia. Recibimos al Espíritu Santo por primera vez.

Confirmación nos sella con el don del Espíritu Santo y nos fortalece. La Confirmación nos hace fuertes seguidores de Jesús.

Eucaristía es el sacramento del Cuerpo y la Sangre de Cristo. Recibimos a Jesús mismo en la sagrada comunión.

Penitencia y Reconciliación en este sacramento Dios perdona nuestros pecados. Decimos nuestros pecados al sacerdote. Se nos da el perdón y la paz de Dios.

Unción de los Enfermos es el sacramento para los enfermos y los que están en peligro de muerte. El sacerdote reza para que el enfermo sane en cuerpo, mente y espíritu.

Matrimonio un hombre y una mujer se comprometen a amarse y a ser fieles uno al otro.

Orden Sagrado es el sacramento en que un hombre se hace diácono, sacerdote u obispo. El sirve a la Iglesia guiando al pueblo de Dios.

Vocabulario

católicos miembros bautizados de la Iglesia, dirigidos y guiados por el papa y los obispos

parroquias comunidades que rinden culto y trabajan juntas

fe don de Dios que nos ayuda a confiar y a creer en él

culto alabar y dar gracias a Dios

sacramento signo especial dado por Jesús

RESPONDEMOS

¿Cuál de los siete sacramentos vas a celebrar este año?

Habla con Jesús sobre las formas en que te estás preparando para celebrar estos sacramentos con tu comunidad parroquial.

Jesus is present with us in the sacraments.

Through God's gift of faith, we believe Jesus is with us. Every time we celebrate the sacraments, Jesus is with us through the power of the Holy Spirit. The sacraments help us to live as friends of Jesus.

The Seven Sacraments

Read Along

Baptism We become children of God and members of the Church. We receive the Holy Spirit for the first time.

Confirmation This sacrament seals us with the Gift of the Holy Spirit and strengthens us. Confirmation makes us stronger followers of Jesus.

Eucharist This is the sacrament of the Body and Blood of Christ. We receive Jesus himself in Holy Communion.

Penance and Reconciliation In this sacrament, God forgives our sins. We tell our sins to the priest. We are given God's forgiveness and peace.

Anointing of the Sick This is the sacrament for those who are sick or are in danger of death. The priest prays that they may be healed in body, mind, and spirit.

Matrimony In this sacrament, a man and a woman become husband and wife. They promise to love and be faithful to each other always.

Holy Orders In this sacrament, a man becomes a deacon, a priest, or a bishop. He then serves the Church by leading and guiding God's people.

WE RESPOND

Which of the seven sacraments are you looking forward to celebrating this year?

Talk to Jesus about ways you are getting ready to celebrate these sacraments with your parish community.

Catholics baptized members of the Church, led and guided by the pope and bishops

parishes communities that worship and work together

faith a gift from God that helps us to trust God and believe in him

worship to give God thanks and praise

sacrament a special sign given to us by Jesus

41

Repaso

Capítulo 3

Encierra en un círculo la respuesta correcta.

1. La Iglesia Católica celebra con signos especiales llamados _____.

         sacramentos   diócesis

2. _____ nos dio los sacramentos.

         Los discípulos   Jesús

3. Por los sacramentos compartimos _____.

         el vecindario   la vida de Dios

4. Hay _____ sacramentos.

           tres   siete

5. ¿Cuáles son algunas formas en que los católicos rinden culto?

   _____

Reflexiona y ora

Escribe a Jesús. Dale gracias por los sacramentos que te ha dado. Pídele te ayude a vivir tu fe.

_____

_____

Review

Circle the correct answer.

1. The Catholic Church celebrates with special signs called _____.

   sacraments   dioceses

2. _____ gave us the sacraments.

   The disciples   Jesus

3. The sacraments give us a share in _____.

   the neighborhood   God's own life

4. There are _____ sacraments.

   three   seven

5. What are some ways Catholics worship?

   _____

Reflect & Pray

Write to Jesus. Thank him for the sacraments he has given you. Ask him to help you to live out your faith.

_____

_____

Respondemos y compartimos la fe

Compartiendo lo aprendido

Mira la ilustración. Usala para contar a tu familia lo que aprendiste en este capítulo.

Para que todos vean

"Cantaré himnos al Señor mi Dios".
Salmo 104: 33

Recuerda

- Pertenecemos a la Iglesia Católica.
- Celebramos el amor de Dios rezando y adorando.
- Nuestra Iglesia celebra con siete signos especiales llamados sacramentos.
- Jesús está con nosotros en los siete sacramentos.

NUESTRA VIDA CATOLICA

El don de la música

Una forma de alabar a Dios es por medio de la música. Los que tocan instrumentos musicales y nos guían cantando, nos ayudan a alabar a Dios durante la misa. Algunas parroquias tienen coros. Podemos unirnos al coro cantando nuestras alabanzas a Dios.

Visita Sadlier en
www.CREEMOSweb.com

Conexión con el Catecismo
Para referencia vea los párrafos 1267, 1119, 1123 y 1127.

We Respond and Share the Faith

Sharing What I Learned

Look at the picture. Use it to tell your family what you learned in this chapter.

For All to See

"I will sing praise to my God while I live."
Psalm 104:33

Remember

- We belong to the Catholic Church.
- Catholics celebrate God's love by praying and worshiping.
- Our Church celebrates with seven special signs called sacraments.
- Jesus is present with us in the sacraments.

OUR CATHOLIC LIFE

The Gift of Music

One way we can praise God is through music. The people who play musical instruments and lead us in song help us to praise God at Mass. Some parishes have choirs. We can join with the choir by singing our praise to God.

Connect to the Catechism
For adult background and reflection, see paragraphs 1267, 1119, 1123, and 1127.

Visit Sadlier's
www.CREEMOSweb.com

Celebramos el Bautismo

NOS CONGREGAMOS

✝ La palabra *Amén* es una oración. Cuando la decimos, estamos diciendo "Sí, creo". Vamos a responder: "Amén" a estas oraciones.

Niño: Dios Padre, creemos en ti.

Niña: Dios Hijo, creemos en ti.

Niño: Dios Espíritu Santo, creemos en ti.

 ¿Qué harías para dar la bienvenida a un bebé en tu familia?

CREEMOS

Al bautizarnos nos hacemos hijos de Dios y miembros de la Iglesia.

La familia López está muy feliz. Les nació un bebé. Su nombre es Ana.

Muy pronto Ana pertenecerá a otra familia, la Iglesia Católica. Cuando Ana sea bautizada será hija de Dios y miembro de la Iglesia. Cuando fuimos bautizados también nos hicimos hijos de Dios y miembros de la Iglesia.

We Celebrate Baptism

WE GATHER

✝ The word *Amen* is a prayer. When we pray this word, we are saying "Yes, we believe!" Let us respond "Amen" together after each of these prayers.

Child 1: God the Father, we believe in you.

Child 2: God the Son, we believe in you.

Child 3: God the Holy Spirit, we believe in you.

 What would you do to welcome a new baby to your family?

WE BELIEVE

At Baptism we become children of God and members of the Church.

The López family is very happy! They have just welcomed a new baby into their family. The baby's name is Ana.

Soon Ana will belong to another family, the Catholic Church. In Baptism Ana will become a child of God and a member of the Church. When we were baptized we became children of God and members of the Church, too.

Todos en la familia de Ana están contentos de que van a llevarla a la iglesia para bautizarla. Toda la parroquia celebrará su bautismo.

 Yo _____,
soy un hijo de Dios.

Yo _____,
soy un miembro de la Iglesia.

Con el Bautismo recibimos la gracia y compartimos la vida de Dios.

El agua es un importante signo del sacramento del Bautismo. En el Bautismo, somos sumergidos en agua o se derrama agua sobre nuestras cabezas. Dios nos da una nueva vida. Llamamos **gracia** a la vida de Dios en nosotros.

Cuando Dios creó a los primeros humanos, compartió con ellos su propia vida. Pero ellos desobedecieron a Dios. Pecaron y perdieron la gracia de Dios. Ese primer pecado es llamado **pecado original**.

Todos nacemos con el pecado original. El Bautismo nos quita el pecado original y todos los demás pecados. **Bautismo** es el sacramento que nos libra del pecado y nos da la gracia de compartir la vida de Dios.

 Hablen del agua como signo de nuestro bautismo.

Everyone in Ana's family is looking forward to bringing the newest member of their family to the parish church for Baptism. The whole parish will celebrate her Baptism.

I, _____,
am a child of God.

I, _____,
am a member of the Church.

At Baptism we receive grace, a share in God's life.

Water is an important sign of the sacrament of Baptism. In the sacrament of Baptism, we are placed in water or water is poured over our foreheads. God gives us a new life. We call God's life in us **grace**.

When God made the first man and woman, he let them share in his own life. But they disobeyed God. They sinned and lost their share in God's life. That first sin is called **original sin**.

We are all born with original sin. Through Baptism, original sin and all other sins are taken away. **Baptism** is the sacrament in which we are freed from sin and given grace, a share in God's life.

Talk about why water is a sign of our Baptism.

Celebramos el sacramento del Bautismo con palabras y gestos especiales.

Lee conmigo

- El padre Ramón y la comunidad parroquial se reúnen con la familia.

- El dice a los padres y a los padrinos de Ana que deben ayudar a Ana a crecer en la fe.

- El padre hace la señal de la cruz en la frente de Ana, los padres y padrinos hacen lo mismo. Esta acción muestra que Ana ahora pertenece a Jesús en una forma especial.

- El padre Ramón lee una historia sobre Jesús y habla sobre ella.

- El padre bendice el agua en la pila bautismal.

- El les pregunta a los padres y a los padrinos de Ana si reniegan al pecado y si creen en Dios.

- Después sumerge tres veces a Ana en la pila bautismal. Dice las palabras del Bautismo. Con agua y estas palabras Ana es bautizada:

    Ana, te bautizo en el nombre del Padre,
    y del Hijo y del Espíritu Santo.

Cada uno de nosotros fue bautizado con agua y esas mismas palabras.

 ¿Qué crees que pasó durante tu bautismo?

50

We celebrate the sacrament of Baptism with special words and actions.

Read Along

- Father Ramón and the parish community greeted the family.

- Father told Ana's parents and godparents that they should help Ana to keep growing in faith.

- Father traced the sign of the cross on Ana's forehead. Ana's parents and godparents did this also. This action showed that Ana now belonged to Jesus in a special way.

- Father Ramón read a story about Jesus. Father talked about the story.

- Father blessed the water in the baptismal pool.

- Father asked Ana's parents and godparents whether they reject sin and believe in God.

- Father placed Ana in the water of the baptismal pool three times. He said the words of Baptism. It was with water and these words that Ana was baptized:

    Ana, I baptize you in the name of the Father,
    and of the Son,
    and of the Holy Spirit.

Each of us was baptized with water and these same words.

 What do you think happened at your Baptism?

Podemos mostrar que somos hijos de Dios con lo que hacemos y decimos.

Las siguientes palabras y gestos son parte de la celebración del bautismo de Ana.

Lee conmigo

- El padre Ramón viste de blanco a Ana. Dice que el vestido muestra que Ana es amiga y sigue a Cristo.

- La madrina de Ana enciende una pequeña vela en el cirio pascual. El padre pide a los padres y a los padrinos de Ana que mantengan la luz de Cristo encendida en su vida.

- El padre invita a todos a rezar el Padrenuestro.

- El padre bendice a todos los presentes.

Estas son las palabras y los gestos de tu bautismo.

RESPONDEMOS

¿Qué harás y dirás para compartir la luz de Cristo con otros?

Vocabulario

gracia la vida de Dios en nosotros

pecado original primer pecado cometido por los primeros humanos desobedeciendo a Dios

Bautismo sacramento que nos libera del pecado y nos da la gracia

Como católicos...

Los padrinos son personas muy especiales. Son escogidos por los padres para bautizar a sus hijos. Ellos tienen un papel especial en este sacramento. Se comprometen a ayudar a los padres a enseñar al niño la fe católica. Ellos ayudan al niño a vivir como amigo de Jesús. Ayudan al niño a amar a Dios y a los demás.

We can show that we are children of God by what we say and do.

The following words and actions were also a part of the celebration of Ana's Baptism in her parish.

Read Along

- Father Ramón put a white garment on Ana. He said that the white garment showed that Ana was a friend and follower of Jesus.

- Ana's godmother went to the large Easter candle by the baptismal pool. She lit a smaller candle for Ana from it. Father told Ana's parents and godparents to help keep the light of Christ burning in Ana's life.

- Father Ramón invited everyone to pray the Our Father together.

- Father blessed the family and everyone in church.

These same words and actions were part of the celebration of your Baptism.

WE RESPOND

 What will you do and say to share the light of Christ with others?

As Catholics...

Godmothers and godfathers are very special people. They are chosen by the parents of the child being baptized. They have a special role in this sacrament. They agree to help the parents teach the child about their Catholic faith. The godparents help the child to live as a friend of Jesus. They help the child to love God and others.

Capítulo 4

Encierra en un círculo la respuesta correcta.

1. El agua es un signo del Bautismo.

Sí   No   ?

2. En el Bautismo recibimos la vida de Dios
llamada gracia.

Sí   No   ?

3. Los padres son los únicos que van a la Iglesia al
bautismo de sus hijos.

Sí   No   ?

4. Nacemos con el pecado original.

Sí   No   ?

5. ¿Por qué el Bautismo es una celebración especial
para cada uno de nosotros?

_____

Reflexiona y ora

Habla a Jesús sobre el Bautismo. Escribe una o dos cosas
que puedes hacer para mostrar que eres hijo de Dios.

_____

Chapter 4

Review

Circle the correct answer.

1. Water is a sign of Baptism.

Yes   No   ?

2. At Baptism we receive God's life, called grace.

Yes   No   ?

3. Parents are the only ones in church for their child's Baptism.

Yes   No   ?

4. We are all born with original sin.

Yes   No   ?

5. Why is Baptism a special celebration for each one of us?

_____

Reflect & Pray

Talk to Jesus about Baptism. Write one or two things you can do to show that you are a child of God.

_____

Respondemos y compartimos la fe

Compartiendo lo aprendido

Mira la ilustración. Usala para contar a tu familia lo que aprendiste en este capítulo.

Para que todos vean

"El que beba del agua que yo le daré, nunca volverá a tener sed".

Juan 4:14

Recuerda

- Al bautizarnos nos hacemos hijos de Dios y miembros de la Iglesia.
- Con el Bautismo recibimos la gracia y compartimos la vida de Dios.
- Celebramos el sacramento del Bautismo con palabras y gestos especiales.
- Podemos mostrar que somos hijos de Dios con lo que hacemos y decimos.

NUESTRA VIDA CATÓLICA

Celebración bautismal

La mayoría de los católicos son bautizados cuando bebés. En las parroquias hay personas que se reúnen para ayudar a las familias a prepararse para el bautismo de sus hijos. El Bautismo se celebra con la comunidad parroquial muchas veces en la misa del domingo. La comunidad da la bienvenida a nuevos miembros y promete ayudarlos a vivir como fieles seguidores de Jesús.

Visita Sadlier en
www.CREEMOSweb.com

Conexión con el Catecismo
Para referencia vea los párrafos 1213, 1250, 1234 y 1265.

We Respond and Share the Faith

Sharing What I Learned

Look at the picture. Use it to tell your family what you learned in this chapter.

For All to See

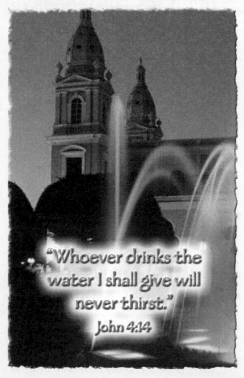

"Whoever drinks the water I shall give will never thirst."
John 4:14

Remember

- At Baptism we become children of God and members of the Church.
- At Baptism we receive grace, a share in God's life.
- We celebrate the sacrament of Baptism with special words and actions.
- We can show that we are children of God by what we say and do.

OUR CATHOLIC LIFE

Baptismal Celebration

Most Catholics are baptized as infants. In parishes there are people who meet to help families prepare for their child's Baptism. Baptism is celebrated with the parish community, often at Sunday Mass. The parish community welcomes the new members and promises to help them live as faithful followers of Jesus.

 Connect to the Catechism
For adult background and reflection, see paragraphs 1213, 1250, 1234, and 1265.

Visit Sadlier's
www.CREEMOSweb.com

NOS CONGREGAMOS

✝ Ven, Espíritu Santo,
llena los corazones de tus fieles
y enciende en ellos
el fuego de tu amor.

 Cuenta lo que pasó en Pentecostés.

CREEMOS

Celebramos el don del Espíritu Santo en el sacramento de la Confirmación.

Jesús prometió enviar al Espíritu Santo a los apóstoles para que los ayudara. El Espíritu Santo ayudó a los discípulos a recordar todo lo que Jesús hizo y dijo.

El Espíritu Santo llenó a los discípulos de valor y fe. Empezaron a hablar a todos sobre Jesús. Contaron que Jesús había muerto y que había resucitado por nosotros.

Los apóstoles bautizaron a muchas personas. Ellos imponían sus manos sobre las personas que querían recibir el Espíritu Santo. Querían que tuvieran una fe firme y que cuidaran de las necesidades de todos.

 Habla de las formas en que el Espíritu Santo ayudó a los primeros discípulos de Jesús.

WE GATHER

✝ Come, Holy Spirit,
fill the hearts of your faithful people
and kindle in us
the fire of your love.

☀ Tell what happened on Pentecost.

WE BELIEVE

We celebrate the Gift of the Holy Spirit in the sacrament of Confirmation.

Jesus promised to send the Holy Spirit to the apostles and other disciples to be their helper. The Holy Spirit helped the disciples to remember everything Jesus had said and done.

The Holy Spirit filled the disciples with courage and faith. They began to tell everyone about Jesus. The disciples told everyone Jesus died for us and rose to new life.

The apostles baptized many people. They laid their hands on people so that they too might receive the Holy Spirit. They wanted them to be strong in faith and to care for one another's needs.

 Talk about ways the Holy Spirit helped Jesus' first disciples.

El Espíritu Santo es Dios, la tercera Persona de la Santísima Trinidad. Fue enviado por el Padre y Jesús para ayudar y guiar a la Iglesia. El Espíritu Santo está con nosotros hoy. Celebramos el don del Espíritu Santo en el sacramento de la Confirmación.

La Iglesia usa una llama de fuego para recordarnos al Espíritu Santo. Igual que el fuego, el Espíritu Santo nos ilumina, nos da calor y energía.

La Confirmación nos sella con el don del Espíritu Santo y nos fortalece.

Los sacramentos del Bautismo y la Confirmación son como socios. El Bautismo nos hace hijos de Dios y miembros de la Iglesia. Cada uno de nosotros recibe el Espíritu Santo cuando somos bautizados. La **Confirmación** es el sacramento que nos sella con el don del Espíritu Santo y nos fortalece.

Usa un lápiz de color rojo y traza sobre los círculos. Explica lo que muestra el dibujo.

The Holy Spirit is God, the third Person of the Blessed Trinity. The Holy Spirit was sent by the Father and Jesus to help and guide the Church. The Holy Spirit is still with us today. We celebrate the Gift of the Holy Spirit in the sacrament of Confirmation.

The Church often uses a picture of fire or a flame to remind us of the Holy Spirit. Like fire, the Holy Spirit gives us light, warmth, and energy.

Confirmation seals us with the Gift of the Holy Spirit and strengthens us.

The sacraments of Baptism and Confirmation are like partners. Baptism makes us children of God and members of the Church. Each of us received the Holy Spirit when we were baptized. **Confirmation** is the sacrament that seals us with the Gift of the Holy Spirit and strengthens us.

Use a red crayon to trace over the circles. Talk about what the drawing shows.

61

La parroquia reza por los que se van a confirmar. La comunidad se reúne para la celebración del sacramento.

Generalmente un obispo viene a la parroquia para confirmar. Algunas veces el obispo asigna a un sacerdote para confirmar.

Celebramos el sacramento de la Confirmación con palabras y gestos especiales.

En la Confirmación somos ungidos con aceite. Esto muestra que somos elegidos para trabajar para Dios. Muestra que el Espíritu Santo está con nosotros. Un padrino nos ayuda a preparar para la Confirmación.

Lee conmigo

El obispo habla con la gente sobre la fe. Los llama a servirse unos a otros. Después el obispo y los sacerdotes presentes extienden sus manos sobre los que van a recibir el sacramento. El obispo reza para que el Espíritu Santo los fortalezca con dones especiales.

El obispo unta su pulgar derecho en el óleo bendecido. Posa su mano en la cabeza de la persona y traza una cruz con el aceite en la frente del confirmando.

Hacer la señal de la cruz con aceite es llamado **unción con aceite**.
El obispo dice:
"(Nombre) recibe por esta señal el don del Espíritu Santo".
La persona responde: "Amén".
Después el obispo dice:
"La paz sea con ustedes".
Los confirmados responden:
"Y con tu espíritu".

Como católicos...

La semana antes de la Pascua de Resurrección es llamada semana santa. Todos los años el obispo bendice los aceites en esta semana. Los aceites son enviados a las parroquias de la diócesis. Uno de esos aceites es llamado *crisma*. Es usado para ungir en los sacramentos del Bautismo, la Confirmación y el Orden Sagrado.

¿Cuándo fuiste ungido con crisma?

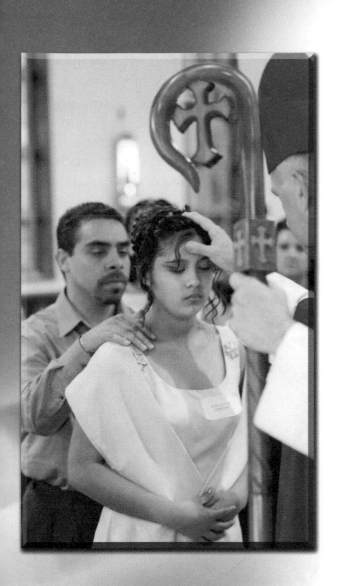

The parish community prays for the people about to be confirmed. The community gathers with them for the celebration of the sacrament.

Most often a bishop comes to the parish to confirm people. Sometimes the bishop appoints a priest to do the confirming.

We celebrate the sacrament of Confirmation with special words and actions.

At Confirmation we are anointed with oil. This shows that we are set apart to do God's work. It shows that the Holy Spirit is with us. A person called a sponsor helps us as we get ready for Confirmation.

Read Along

The bishop talks with the people about their faith. He calls them to serve others. Then the bishop and priests who are present stretch out their hands over those receiving the sacrament. The bishop prays that the Holy Spirit will strengthen them with special gifts.

The bishop dips his right thumb in blessed oil. Laying his hand on the person's head, he traces a cross on that person's forehead with the oil.

We call tracing the cross with oil the **anointing with oil**. The bishop prays, "(Name), be sealed with the Gift of the Holy Spirit." The person responds, "Amen."
Then the bishop says,
"Peace be with you."
Those who were confirmed say,
"And also with you."

As Catholics...

The week before Easter is called Holy Week. Each year during Holy Week, the bishop blesses three oils of the Church. The oils are given to all the parishes that make up the diocese. One blessed oil is called *Chrism*. It is used for anointing in the sacraments of Baptism, Confirmation, and Holy Orders.

When were you anointed with Chrism?

El Espíritu Santo ayuda a los católicos bautizados y confirmados.

El Espíritu Santo ayuda a los católicos bautizados y confirmados a:

- Amar a Dios y unos a otros como Jesús enseñó.

- Alabar a Dios y celebrar los sacramentos.

- Tratarse con respeto.

- Preocuparse por los pobres, los enfermos y los que sufren.

- Ser justos.

- Ser trabajadores de la paz.

- Ser felices con lo que Dios nos ha dado.

- Vivir la fe.

- Defender sus creencias.

 Vocabulario

Confirmación sacramento que nos sella con el don del Espíritu Santo y nos fortalece

unción con aceite hacer la cruz con aceite en la frente de la persona durante la Confirmación

RESPONDEMOS

Selecciona de la lista las acciones que puedes hacer fácilmente. Subraya las que son difíciles. Decide hacer una hoy.

♫ Ven, Espíritu Santo

Ven, Espíritu Santo, luz divina del cielo.
Entra al fondo del alma y ofrécenos tu consuelo.
Eres nuestro descanso cuando es tanto el trabajo;
eres gozo eterno, lleno de amor y bondad.

Key Words

Confirmation the sacrament that seals us with the Gift of the Holy Spirit and strengthens us

anointing with oil tracing a cross on the person's forehead with oil during Confirmation

The Holy Spirit helps baptized Catholics and confirmed Catholics.

The Holy Spirit helps Catholics who have been baptized and Catholics who have been confirmed to do the following things.

- Love God and others as Jesus taught.
- Worship God and celebrate the sacraments.
- Treat others with respect.
- Care for those who are poor, hungry, or sick.
- Be fair.
- Be peacemakers.
- Be happy with all that God has given them.
- Live out their faith.
- Stand up for what they believe.

WE RESPOND

Check the actions on the list that are easy for you to do. Underline the difficult ones. Then decide to do one today.

🎵 **Make Us Strong**
(My Darling Clementine)

Holy Spirit, Holy Spirit,
Holy Spirit, make us strong,
So that we can follow Jesus
and bring God's love to everyone.

Encierra en un círculo la respuesta correcta.

1. El sacramento de _____ nos sella con el don del Espíritu Santo.

   el Matrimonio   la Confirmación

2. En la Confirmación el obispo o el sacerdote traza una cruz con _____ en la frente de la persona.

   agua   aceite

3. La Iglesia usa _____ para recordarnos al Espíritu Santo.

   fuego   vestido blanco

4. La Confirmación nos llama a _____.

   vivir nuestra fe   ser egoístas

5. ¿Cuáles son algunas formas en que el Espíritu Santo ayuda a los católicos bautizados y confirmados?

_____

Reflexiona y ora

Escribe una oración al Espíritu Santo.

_____

_____

Chapter 5

Circle the correct answer.

1. The sacrament of _____ seals us with the Gift of the Holy Spirit.

   Matrimony   Confirmation

2. At Confirmation the bishop or priest traces a cross with blessed _____ on a person's forehead.

   water   oil

3. The Church uses _____ to remind us of the Holy Spirit.

   fire   a white garment

4. Confirmation calls us to _____.

   live out our faith   be selfish

5. What are some ways the Holy Spirit helps baptized and confirmed Catholics?

   _____

Reflect & Pray

Write your own prayer to the Holy Spirit.

_____

_____

Respondemos y compartimos la fe

Compartiendo lo aprendido

Mira la ilustración. Usala para contar a tu familia lo que aprendiste en este capítulo.

Para que todos vean

(Pega una foto de tu familia aquí.)

"...conforme al Espíritu, si es que realmente el Espíritu de Dios vive en ustedes".

Romanos 8:9

Recuerda

- Celebramos el don del Espíritu Santo en el sacramento de la Confirmación.

- La Confirmación nos sella con el don del Espíritu Santo y nos fortalece.

- Celebramos el sacramento de la Confirmación con palabras y gestos especiales.

- El Espíritu Santo ayuda a los católicos bautizados y confirmados.

NUESTRA VIDA CATOLICA

Ayudando a los necesitados

Inundaciones, fuegos y otros desastres naturales dejan a muchas personas sin casas. Muchas parroquias y escuelas abren sus puertas para dar alojamiento. Muchos voluntarios de la parroquia llevan agua, comida y ropa para las personas alojadas. También llevan juguetes y libros para los niños. Los católicos siguen ayudando a los necesitados debido a esos desastres.

Visita Sadlier en

www.CREEMOSweb.com

Conexión con el Catecismo
Para referencia vea los párrafos 1285, 1295, 1299 y 1303.

We Respond and Share the Faith

Sharing What I Learned

Look at the picture. Use it to tell your family what you learned in this chapter.

Remember

- We celebrate the Gift of the Holy Spirit in the sacrament of Confirmation.
- Confirmation seals us with the Gift of the Holy Spirit and strengthens us.
- We celebrate the sacrament of Confirmation with special words and actions.
- The Holy Spirit helps baptized Catholics and confirmed Catholics.

For All to See

(Place a photo of your family here.)

"You are in the spirit, if only the Spirit of God dwells in you."
Romans 8:9

OUR CATHOLIC LIFE

Helping Those in Need

Floods, fires, or other disasters can leave people homeless. Many Catholic parishes open their halls and school gyms as shelters. People in the parishes volunteer and bring water, food, and clothing for these people. They also bring toys and books for the children. Catholics continue to work to help these people who have suffered from these disasters.

Connect to the Catechism
For adult background and reflection, see paragraphs 1285, 1295, 1299, and 1303.

Visit Sadlier's
www.CREEMOSweb.com

El año litúrgico

El año litúrgico nos ayuda a seguir a Jesús.

NOS CONGREGAMOS

¿Qué quiere decir seguir a Jesús? Nombra algunas formas en que puedes seguir a Jesús.

CREEMOS

Todo el año nos reunimos en nuestra parroquia a adorar. Juntos celebramos la Eucaristía y otros sacramentos.

El año de la Iglesia está compuesto de estaciones especiales llamadas tiempos litúrgicos. Durante los diferentes tiempos crecemos en amor a Jesús. Crecemos como sus seguidores.

Jesús dice: "Sígueme".

Marcos 2:14

The Church Year

Advent | Christmas | Ordinary Time | Lent | Three Days | Easter | Ordinary Time

The Church year helps us to follow Jesus.

WE GATHER

What does it mean to follow Jesus? Name some ways you follow Jesus.

WE BELIEVE

All during the year, we gather with our parish to worship. Together we celebrate the Eucharist and the other sacraments.

The Church year is made up of special times called seasons. During the different seasons, we grow in love for Jesus. We grow as his followers.

Jesus said, "Follow me."
Mark 2:14

Adviento

Navidad

Tiempo Ordinario

Adviento es un tiempo de espera y preparación. Esperamos y nos preparamos para la venida del Hijo de Dios.

Navidad es un tiempo para celebrar el nacimiento del Hijo de Dios. Nos regocijamos en que Jesús está siempre con nosotros.

Cuaresma es tiempo de preparación. Recordamos todo lo que Jesús hizo para salvarnos. Nos preparamos para la celebración más importante de la Iglesia.

Los Tres Días es la celebración más importante de la Iglesia. Celebramos la muerte y resurrección de Jesús.

Tiempo de Pascua es tiempo de gran gozo. Nos regocijamos y celebramos que Jesús resucitó a una nueva vida.

Tiempo Ordinario es cuando celebramos todo sobre Jesús, especialmente su vida y sus enseñanzas.

Los tiempos de la Iglesia nos ayudan a seguir a Jesús. Queremos estar más cerca de él. El es el mayor regalo de Dios a nosotros. Jesús nos ama y nos da vida. El está siempre con nosotros, hoy y todos los días.

Tiempo Ordinario

Cuaresma

Tres Días

Tiempo de Pascua

Advent is a season of waiting and preparing. We wait and get ready for the coming of the Son of God.

Christmas is a time to celebrate the birth of the Son of God. We rejoice that Jesus is with us always.

Lent is a season of preparing. We remember all that Jesus did to save us. We get ready for the Church's greatest celebration.

The Three Days are the Church's greatest celebration. We celebrate Jesus' death and Resurrection.

Easter is a time of great joy. We rejoice and celebrate that Jesus rose to new life.

Ordinary Time is when we celebrate everything about Jesus, especially his life and teachings.

The seasons of the Church year help us to follow Jesus. We want to grow closer to Jesus. He is God's greatest gift to us. Jesus loves us and gives us life. He is always with us. He is here, today and every day.

RESPONDEMOS

 Cada tiempo del año litúrgico tiene un color especial. Colorea el camino para seguir a Jesús durante los tiempos litúrgicos. En la línea, escribe: "Jesús, te seguiré". Después pon una X al lado del tiempo del año litúrgico que estamos celebrando ahora.

_____

AÑO LITÚRGICO

Adviento | Navidad | Tiempo Ordinario | Cuaresma | Tres Días | Tiempo de Pascua | Tiempo Ordinario

✝ Respondemos en oración

Líder: Seguiremos a Jesús durante el año litúrgico. Recordamos que Jesús está siempre con nosotros. Pedimos para que podamos seguirlo siempre.

Todos: Amén.

WE RESPOND

 Each season of the Church year has a special color. Color the Church-year time line to follow Jesus through the seasons. On the line write, "Jesus, I will follow you." Then put an X on the part of the time line to show the season you are celebrating now.

_____

Advent | **Christmas** | **Ordinary Time** | **Lent** | **Three Days** | **Easter** | **Ordinary Time**

✟ We Respond in Prayer

Leader: We will follow Jesus through the Church year. We remember that Jesus is with us always. May we always follow him!

All: Amen.

75

Respondemos y compartimos la fe

Compartiendo lo aprendido

Mira la ilustración. Usala para contar a tu familia lo que aprendiste en este capítulo.

Oración de la familia para seguir a Cristo

Que la paz de Cristo reine en nuestros corazones y que su palabra, con toda su riqueza, more en nosotros.

Para que todo lo que hagamos o digamos lo hagamos en nombre del Señor. Amén.

Alrededor de la mesa

Muestra a tu familia el año litúrgico que se encuentra en la página 72. Muéstrale el tiempo que estamos celebrando ahora. ¿Cuál es el próximo tiempo? ¿Qué puede hacer tu familia para celebrar este tiempo o prepararse para el próximo? ¿Cómo puedes compartir este tiempo con un anciano o alguien que vive solo?

Conexión con el Catecismo
Para referencia vea el párrafo 1168.

We Respond and Share the Faith

Sharing What I Learned

Look at the picture. Use it to tell your family what you learned in this chapter.

A Family Prayer to Follow Jesus

May the peace of Christ rule in our hearts, and may the word of Christ in all its richness dwell in us, so that whatever we do in word and in work, we will do in the name of the Lord. Amen.

Around the Table

Show your family the Church year chart on page 73. Show them the season we are celebrating now. Tell what season comes next. Talk about what your family can do at home to celebrate this season or to prepare for the next one. How can you share this season with an elderly person or someone who lives alone?

Connect to the Catechism
For adult background and reflection, see paragraph 1168.

Visit Sadlier's
www.CREEMOSweb.com

Durante el Tiempo Ordinario celebramos a Jesucristo y aprendemos a seguirlo.

NOS CONGREGAMOS

¿Qué cosas pones en orden?
¿Cómo las ordenas?

CREEMOS

¿Qué celebramos durante el Tiempo Ordinario? Celebramos a Jesucristo. Recordamos y aprendemos sobre su vida, muerte y resurrección. Celebramos todo acerca de Jesucristo.

Es llamado Tiempo Ordinario porque la Iglesia ordena los domingos en orden numérico.

El Tiempo Ordinario sucede dos veces al año. La primera, entre Navidad y Cuaresma y la segunda, entre Pascua y Adviento. El color para este tiempo es verde.

"Diariamente te bendeciré; alabaré tu nombre por siempre".

Salmo 145:2

Ordinary Time

Advent   Christmas   Ordinary Time   Lent   Three Days   Easter   Ordinary Time

In Ordinary Time, we celebrate Jesus Christ and learn to follow him.

WE GATHER

What are some things that you put in order? How do you put them in order?

WE BELIEVE

What do we celebrate in Ordinary Time? We celebrate Jesus Christ and everything about him! We remember and learn about his whole life, death, and Resurrection.

This season is called Ordinary Time because the Church puts the Sundays in number order.

The season of Ordinary Time comes twice each year. It comes between Christmas and Lent; then between Easter and Advent. The special color of Ordinary Time is green.

"Every day I will bless you;
I will praise your name forever."

Psalm 145:2

Durante este tiempo:

- aprendemos más sobre Jesús

- escuchamos sus enseñanzas leídas de la Biblia

- aprendemos como seguir a Jesús diariamente.

Mira las ilustraciones en estas páginas. ¿Qué muestra cada una acerca de Jesús? ¿Qué muestra cada una sobre sus enseñanzas?

El día más especial de todos durante el año es el domingo. Jesús resucitó un domingo.

Los domingos nos reunimos en nuestra parroquia para celebrar la misa. Escuchamos la palabra de Dios y recibimos la Eucaristía. Cada domingo aprendemos más sobre Jesús y nos acercamos más a él. Descansamos. Pasamos tiempo con nuestros familiares y amigos.

During Ordinary Time, we:

- learn more about Jesus

- listen to his teachings read from the Bible

- learn how to follow Jesus in our everyday lives.

Look at the pictures on these pages. What does each one show you about Jesus? What does each one show about his teachings?

All through the year, the most special day of the week is Sunday. Jesus rose from the dead on a Sunday.

On Sundays we gather with our parish to celebrate Mass. We listen to the word of God and receive the Eucharist. Every Sunday, we learn more about Jesus and grow closer to him. We rest from work. We spend time with family and friends.

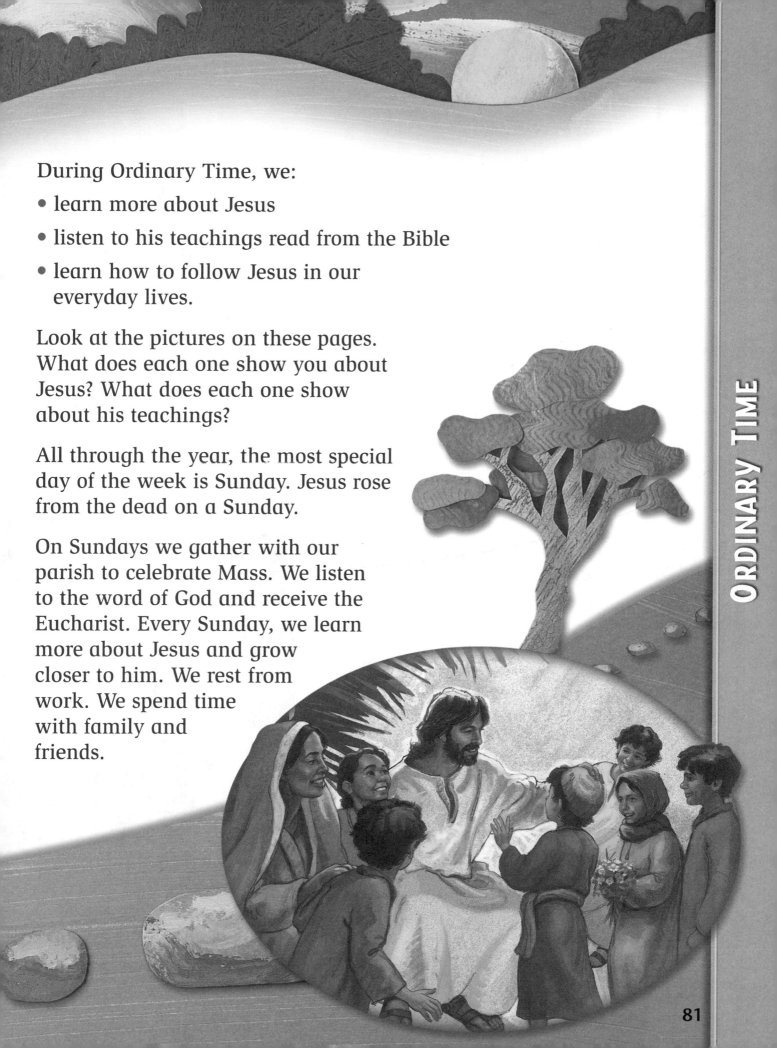

RESPONDEMOS

Haz una historia en un cartel mostrando lo que tu familia puede hacer en un domingo del Tiempo Ordinario.

✝ Respondemos en oración

Líder: Durante el Tiempo Ordinario también celebramos días especiales en honor a María, la madre de Jesús y madre nuestra. Uno de esos días es el 7 de octubre, día de Nuestra Señora del Rosario.

Lado 1: Dios te salve María, llena eres de gracia; el Señor es contigo; bendita eres entre todas las mujeres, y bendito es el fruto de tu vientre, Jesús.

Lado 2: Santa María, Madre de Dios, ruega por nosotros pecadores, ahora y en la hora de nuestra muerte.

Todos: Amén.

🎵 **Salmo 39: Aquí estoy, Señor**

Esperaba con ansia al Señor:
se inclinó y escuchó mi grito;
me dio un cántico nuevo,
un himno a nuestro Dios.

WE RESPOND

Make a story board to show what your family can do on Sundays in Ordinary Time.

✝ We Respond in Prayer

Leader: In Ordinary Time, we also celebrate special days in honor of Mary, the mother of Jesus and our mother. One of these days is the feast of Our Lady of the Rosary on October 7.

Side 1: Hail Mary, full of grace, the Lord is with you! Blessed are you among women, and blessed is the fruit of your womb, Jesus.

Side 2: Holy Mary, Mother of God, pray for us sinners, now and at the hour of our death.

All: Amen.

🎵 Yes, We Will Do What Jesus Says

Mary said, "Do what Jesus tells you."
Mary said, "Do what Jesus says."
Yes, we will do what Jesus tells us,
yes, we will do what Jesus says.

Respondemos y compartimos la fe

Compartiendo lo aprendido

Mira la ilustración. Usala para contar a tu familia lo que aprendiste en este capítulo.

Oración en familia para el domingo

Antes de ir a la cama el domingo, pide a tu familia rezar contigo la siguiente oración:

Señor, te damos gracias por el gozo y el reposo durante este día.

Un signo de María

M es un signo de María. M es de María y de madre. Hay una cruz en la M que nos recuerda que honramos a María por ser la madre de Jesús. Colorea este signo. Mantente atento para ver en que otros lugares puedes ver este signo.

Visita Sadlier en
www.CREEMOSweb.com

Conexión con el Catecismo
Para referencia vea el párrafo 1173.

We Respond and Share the Faith

Sharing What I Learned

Look at the picture. Use it to tell your family what you learned in this chapter.

A Family Prayer on Sunday

On Sunday evening before going to bed, ask your family to say this prayer together:

God, we thank you for the joy and rest of this day.

A Sign for Mary

Here is a sign for Mary. The M stands for Mary and for mother. There is a cross in the M. This reminds us that we honor Mary because she is the mother of Jesus. Color this sign. Then be on the lookout for other places where you can find this sign.

 Connect to the Catechism
For adult background and reflection, see paragraph 1173.

Visit Sadlier's

www.CREEMOSweb.com

NOS CONGREGAMOS

✝ **Líder:** Nos reunimos a escuchar a Dios.

Lector: Dios dice:
"Yo soy el Señor tu Dios;
yo te enseño lo que es para tu bien,
yo te guío por el camino que
debes seguir". (Isaías 48:17)

Todos: Dios, ayúdanos a recordar todas las cosas buenas que nos enseñas. Ayúdanos a seguir tu manera de amar.

 ¿Qué tipo de libros te gusta leer?

CREEMOS

La Biblia es el libro de la palabra de Dios.

Dios siempre ha querido que lo amemos y lo conozcamos. El también quiere que hablemos a otros sobre él.

Hace mucho tiempo, el Espíritu Santo ayudó a algunas personas a escribir sobre el amor de Dios. Diferentes escritores escribieron en diferentes formas. Algunos escribieron historias, otros poemas. Otros escribieron sobre eventos y personas.

We Learn About God's Love

WE GATHER

✝ **Leader:** Let us gather to listen to God's word.

Reader: God said,
"I, the LORD, your God,
    teach you what is for
        your good,
    and lead you on the way
        you should go." (Isaiah 48:17)

All: God, help us to remember all the good things you teach us. Help us to follow your ways of love.

 What kind of books do you like?

WE BELIEVE

The Bible is the book of God's word.

God has always wanted us to know and love him. He wants us to tell others about him, too.

Long ago the Holy Spirit helped certain people to write about God's love. Different writers wrote in different ways. Some wrote stories or poems. Some wrote about people and events.

Estos escritos fueron recogidos en un gran libro que llamamos la Biblia. Dios, Espíritu Santo, guió a esas personas a escribir la Biblia. La **Biblia** es el libro en el que está escrita la palabra de Dios.

Cuando leemos la Biblia aprendemos:

- lo que Dios nos ha dicho sobre sí mismo y su amor

- lo que Dios quiere que hagamos para vivir como sus hijos.

Dibuja un forro para la Biblia. Debes mostrar que la Biblia es un libro especial sobre el amor de Dios.

El **Antiguo Testamento** es la primera parte de la Biblia.

La Biblia tiene dos partes. La primera es llamada **Antiguo Testamento**. En esta parte aprendemos sobre el pueblo de Dios que vivió antes de Jesús. Leemos sobre las muchas cosas maravillosas que Dios hizo por su pueblo. Leemos sobre las formas en que Dios mostró amor especial por ellos. También aprendemos como ellos mostraron amor por Dios.

Como católicos...

También llamamos Sagrada Escritura a la Biblia. La palabra *sagrado* significa "santo". La palabra *escritura* se deriva de una palabra que significa "escrito".

Colocamos la Biblia en un lugar especial en nuestras casas y en las iglesias. Juntos busquen un lugar especial en el aula para colocar la Biblia.

These writings were put into one large book called the Bible. God the Holy Spirit guided the people who wrote the Bible. So the **Bible** is the book in which God's word is written.

When we read the Bible we learn:

- what God has told us about himself and his love
- what God wants us to do to live as his children.

 Draw a cover for the Bible. It should show that the Bible is a very special book about God's love.

The Old Testament is the first part of the Bible.

The Bible has two parts. The first part is called the **Old Testament**. In this part we learn about God's people who lived before Jesus' time on earth. We read about the many wonderful things God did for his people. We read about the ways God showed special love for them. We also learn how they showed their love for God.

As Catholics...

We also call the Bible Sacred Scripture. The word *Sacred* means "holy." The word *Scripture* comes from a word that means "writings."

We keep the Bible in a special place in our homes and churches. Together make a special place in your classroom for the Bible.

En el Antiguo Testamento leemos sobre la vida de muchas personas. Una de ellas fue David. David fue un pastor. Dios estaba contento con David. Dios amó mucho a David. Dios lo escogió para ser rey.

David mostró su gran amor por Dios alabándolo. David dijo: "¡Qué grandeza la tuya!" (2 Samuel 7:22)

 Hablen sobre las formas en que David mostró amor a Dios. Reza las oraciones o las alabanzas de David.

El Nuevo Testamento es la segunda parte de la Biblia.

Lucas 4:42–43

Una mañana una multitud llegó a ver a Jesús. Trataban de impedir que saliera del pueblo. Jesús dijo: "También tengo que anunciar las buenas noticias del reino de Dios a los otros pueblos, porque para esto fui enviado".
(Lucas 4:43)

Esta lectura es tomada de uno de los libros de la segunda parte de la Biblia, el **Nuevo Testamento**. El Nuevo Testamento es sobre Jesucristo, sus discípulos y la Iglesia.

Los cuatro primeros libros del Nuevo Testamento son llamados **evangelios**. Hablan de la vida y las enseñanzas de Jesús en la tierra.

In the Old Testament we learn about the lives of many people. One of the people we read about is David. David was a shepherd. God was pleased with David. God loved David very much. God chose David to become king.

David showed his great love for God by praising him. David said, "Great are you, Lord GOD!" (2 Samuel 7:22)

Talk about ways David showed his love for God. Pray David's prayer of praise.

The New Testament is the second part of the Bible.

Luke 4:42–43

One morning a crowd went to see Jesus. They tried to stop him from leaving their town. But Jesus said, "To the other towns also I must proclaim the good news of the kingdom of God, because for this purpose I have been sent." (Luke 4:43)

This reading is from the second part of the Bible. The second part of the Bible is the **New Testament**. The New Testament is about Jesus Christ, his disciples, and the Church.

Four of the books in the New Testament are called the **gospels**. They are about Jesus' teachings and his life on earth.

La palabra *evangelio* significa "buena nueva". Aprendemos la buena nueva de Jesucristo en los evangelios.

- Dios es nuestro padre quien nos ama y perdona.

- Jesús está siempre con nosotros. El nos enseña como amar y hacer el bien.

- El Espíritu Santo nos ayuda y nos guía.

 ¿Cuál es tu historia favorita sobre Jesús?

Jesús quiere que escuchemos sus enseñanzas.

Un día Jesús había estado enseñando por mucho rato. El había enseñado sobre creer en Dios y rezarle. Jesús terminó contando esta historia:

Vocabulario

Biblia el libro donde está escrita la palabra de Dios

Antiguo Testamento la primera parte de la Biblia

Nuevo Testamento la segunda parte de la Biblia

evangelios los cuatro primeros libros del Nuevo Testamento que hablan de las enseñanzas y la vida de Jesús en la tierra

📖 Mateo 7:24–27

Un hombre construyó su casa en la roca. Cuando vino la tormenta el viento no la voló. La lluvia azotó la casa. Pero la casa no cayó. Había sido construída en roca.

Jesús dijo a la gente: "El que me oye y hace lo que yo digo, es como un hombre prudente que construyó su casa sobre la roca". (Mateo 7:24)

Cuando escuchamos la palabra de Dios en la Biblia, escuchamos con nuestros oídos. La recordamos en nuestras mentes y corazones. Mostramos que escuchamos amando a Dios y ayudando a los demás.

RESPONDEMOS

 Escribe algo que harás, para mostrar a Jesús que lo escuchas.

The word *gospel* means "good news." We learn the good news of Jesus Christ in the gospels.

- God is our Father who loves and forgives us.

- Jesus is with us always. He teaches us how to love and do good.

- The Holy Spirit helps and guides us.

 What is your favorite story about Jesus?

Jesus wants us to listen to his teachings.

One day Jesus had been teaching for a long time. He had taught people about believing in God and praying to him. Jesus ended by telling this story.

Matthew 7:24–27

A man built his house on rock. When storms came, the wind blew. The rain beat against the house. But the house did not fall. It had been built on rock.

Jesus told the people, "Everyone who listens to these words of mine and acts on them will be like a wise man who built his house on rock." (Matthew 7:24)

When we listen to God's word in the Bible, we hear with our ears. We remember in our minds and hearts. We show we have listened by loving God and helping others.

WE RESPOND

 Write one thing you will do to show Jesus that you have listened to him.

Capítulo 8

Colorea el círculo al lado de la respuesta correcta.

1. La _____ es el libro de la palabra de Dios.

   ○ Biblia   ○ buena nueva

2. Los evangelios son cuatro libros del _____ que hablan de la vida y las enseñanzas de Jesús.

   ○ Nuevo Testamento   ○ Antiguo Testamento

3. Leemos sobre el pueblo de Dios que vivió antes de Jesús en el _____.

   ○ Nuevo Testamento   ◎ Antiguo Testamento

4. La palabra evangelio significa _____.

   ○ buena nueva   ○ Escritura

5. ¿Cómo podemos mostrar que estamos escuchando la palabra de Dios?

   _____

Reflexiona y ora

Espíritu Santo, ayúdame a escuchar la palabra de Dios. Ayúdame a compartir

_____

Fill in the circle beside the correct answer.

1. The _____ is the book of God's word.

   ○ Bible   ○ good news

2. The gospels are four of the books of the _____ that tell about Jesus' life and teaching.

   ○ New Testament   ○ Old Testament

3. We read about God's people who lived before Jesus in the _____.

   ○ New Testament   ○ Old Testament

4. The word *gospel* means _____.

   ○ good news   ○ Scripture

5. How do we show that we listen to God's word?

   _____

Reflect & Pray

Holy Spirit, help me to listen to God's word.
Please help me share

_____

Respondemos y compartimos la fe

Compartiendo lo aprendido

Mira la ilustración. Usala para contar a tu familia lo que aprendiste en este capítulo.

Para que todos vean

"Tu palabra es una lámpara a mis pies y una luz en mi camino".

Salmo 119:105

Recuerda

- La Biblia es el libro de la palabra de Dios.
- El Antiguo Testamento es la primera parte de la Biblia.
- El Nuevo Testamento es la segunda parte de la Biblia.
- Jesús quiere que escuchemos sus enseñanzas.

NUESTRA VIDA CATÓLICA

Periódicos católicos

En los Estados Unidos hay muchos periódicos católicos. En ellos leemos las formas en que la gente se preocupa por los pobres. Podemos encontrar explicaciones de las historias bíblicas del domingo y respuestas a preguntas sobre nuestra fe. Pide a un miembro de tu familia tomar un periódico de tu parroquia. Lee sobre lo que está pasando en la comunidad católica.

Visita Sadlier en

www.CREEMOSweb.com

 Conexión con el Catecismo
Para referencia vea los párrafos 104, 121, 124 y 127.

We Respond and Share the Faith

Sharing What I Learned

Look at the picture. Use it to tell your family what you learned in this chapter.

Remember

- The Bible is the book of God's word.
- The Old Testament is the first part of the Bible.
- The New Testament is the second part of the Bible.
- Jesus wants us to listen to his teachings.

For All to See

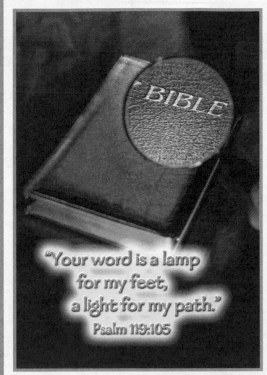

"Your word is a lamp for my feet, a light for my path."
Psalm 119:105

OUR CATHOLIC LIFE

Catholic Newspapers

In the United States we have many Catholic newspapers. We can read about the ways people take care of the poor. We can find explanations of Scripture stories that will be read at Mass and answers to questions about our faith. Ask a family member to get the Catholic newspaper. Read about what is happening in the Catholic community.

 Connect to the Catechism
For adult background and reflection, see paragraphs 104, 121, 124, and 127.

Visit Sadlier's
www.CREEMOSweb.com

NOS CONGREGAMOS

✝ **Líder:** Señor Dios, nos das vida y amor. Tus leyes nos ayudan a saber como amarte y amar a los demás. Muéstranos como seguirte:

Lector 1: en nuestras casas

Lector 2: en nuestra parroquia

Lector 3: en nuestro vecindario

Lector 4: en nuestro mundo.

Todos: "Señor, la tierra está llena de tu amor; ¡enséñame tus leyes!" (Salmo 119:64)

☀ ¿Cuáles son algunas reglas que cumples diariamente?

CREEMOS

Jesús nos enseñó el Gran Mandamiento.

Dios Padre nos ama mucho. El nos protege dándonos leyes para cumplir. Las leyes de Dios son llamadas **mandamientos**.

📖 Mateo 22:35–39

Un día Jesús estaba enseñando. Alguien le preguntó cual era el mandamiento más importante. Jesús contestó: "Ama al Señor tu Dios con todo tu corazón, con toda tu alma y con toda tu mente". Este es el más importante y el primero de los mandamientos. Y el segundo es parecido a este; dice: "Ama a tu prójimo como a ti mismo". (Mateo 22:37, 39)

God Gives Us Laws

WE GATHER

 Leader: Lord God, you give us life and love. Your laws help us to know how to love you and others. Show us how to follow you:

Reader 1: in our homes

Reader 2: in our parish

Reader 3: in our neighborhood

Reader 4: in our world.

All: "The earth, LORD, is filled with your love; teach me your laws." (Psalm 119:64)

 What are some rules that you follow every day?

WE BELIEVE

Jesus taught us the Great Commandment.

God the Father loves us very much. He protects us by giving us laws to follow. God's laws are called **commandments**.

Matthew 22:35–39

One day Jesus was teaching. Someone asked him which commandment is the greatest. Jesus answered, "You shall love the Lord, your God, with all your heart, with all your soul, and with all your mind." Then he said, "You shall love your neighbor as yourself." (Matthew 22:37, 39)

Jesús nos mostró como amar a Dios, a nosotros mismos y a los demás. La enseñanza de Jesús sobre el amor a Dios y a los demás es el **Gran Mandamiento**. Cuando obedecemos este mandamiento cumplimos todos los mandamientos de Dios.

Di como Jesús está viviendo el Gran Mandamiento en cada ilustración. ¿Cómo puedes mostrar que amas como Jesús?

Los Diez Mandamientos nos ayudan a vivir como hijos de Dios.

Muchos años antes de nacer Jesús, Dios dio a su pueblo leyes especiales. Estas leyes son llamadas los **Diez Mandamientos**. Están escritos en el Antiguo Testamento en la Biblia.

Cuando Jesús estaba creciendo aprendió esos mandamientos. El obedeció las leyes y enseñó a sus seguidores a obedecerlas.

Los mandamientos nos ayudan a vivir como hijos de Dios. Los tres primeros nos ayudan a amar a Dios y los siete restantes nos ayudan a amar a los demás y a nosotros mismos.

Jesus showed us how to love God, ourselves, and others. Jesus' teaching to love God and others is the **Great Commandment**. When we obey this commandment we follow all of God's commandments.

For each picture tell how Jesus is living the Great Commandment. How can you show your love like Jesus did?

The Ten Commandments help us to live as God's children.

Many years before Jesus was born, God gave his people special laws. These laws are called the **Ten Commandments**. They are written in the Old Testament in the Bible.

When Jesus was growing up, he learned these commandments. He obeyed these laws and taught his followers to obey them.

The commandments help us to live as God's children. The first three commandments help us to love God. The other seven commandments help us to love ourselves and others.

Los Diez Mandamientos

1. Yo soy el Señor tu Dios: no tendrás más Dios fuera de mí.

2. No tomarás el nombre de Dios en vano.

3. Recuerda mantener santo el día del Señor.

4. Honra a tu padre y a tu madre.

5. No matarás.

6. No cometerás adulterio.

7. No robarás.

8. No darás falso testimonio en contra de tu prójimo.

9. No desearás la mujer de tu prójimo.

10. No codiciarás los bienes ajenos.

Lee los mandamientos y piensa en como vas a cumplirlos esta semana.

Dios quiere que le mostremos amor y respeto.

Cumplir los Diez Mandamientos nos ayuda a vivir como hijos de Dios. Debemos mostrar nuestro amor a Dios cumpliendo los tres primeros. He aquí algunas formas:

• Creemos en un solo Dios y lo amamos sobre todas las cosas.

• Mencionamos el nombre de Dios con amor y respeto.

• Adoramos a Dios en nuestra parroquia todas las semanas, en la misa los domingos o los sábados en la tarde.

Como católicos...

Dios está siempre con nosotros. Podemos hablar con él en cualquier momento y en cualquier lugar. Algunas veces, nuestras palabras a Dios son oraciones. Algunas veces hacemos oraciones cortas. Estas oraciones son llamadas jaculatorias. He aquí tres ejemplos:

• Dios, te amo.
• Jesús, acompáñame.
• Espíritu Santo, ayúdame.

Puedes hacer tus propias jaculatorias. Rézalas con frecuencia.

Podemos alabar a Dios cantando.

🎵 No hay Dios tan grande

No hay Dios tan grande como tú,
no lo hay, no lo hay.
No hay Dios que haga maravillas como las que haces tú.
No con espadas, ni con ejércitos, mas con tu Santo Espíritu.

Read the commandments and think about ways you are going to live them this week.

God wants us to show him our love and respect.

Following the Ten Commandments helps us to live as children of God. We must show God our love by following the first three commandments. Here are some of the ways.

- We believe in one God and love him more than anything.
- We speak God's name only with love and respect.
- We worship God with our parish each week for Mass on Sunday or Saturday evening.

We can praise God in song.

♫ **We Celebrate with Joy**

We celebrate with joy
  and gladness.
We celebrate God's love for us.
We celebrate with joy
  and gladness,
God with us today.
God with us today.

The Ten Commandments

1. I am the LORD your God: you shall not have strange gods before me.
2. You shall not take the name of the LORD your God in vain.
3. Remember to keep holy the LORD's Day.
4. Honor your father and your mother.
5. You shall not kill.
6. You shall not commit adultery.
7. You shall not steal.
8. You shall not bear false witness against your neighbor.
9. You shall not covet your neighbor's wife.
10. You shall not covet your neighbor's goods.

As Catholics...

God is always with us. We can talk to him anytime or anywhere. Our words to God are prayers. Sometimes we say short prayers. These prayers are called aspirations. Here are three examples.

- God, I love you.
- Jesus, be with me.
- Holy Spirit, help me.

You can make up your own aspirations. Pray them often.

Dios quiere que mostremos que amamos a los demás como nos amamos a nosotros mismos.

Dios quiere que nos tratemos como hermanos. Desde el cuarto hasta el décimo mandamiento aprendemos formas de amarnos y amar a los demás. He aquí algunas formas:

- Obedecemos a nuestros padres y a todo el que cuide de nosotros.

- Respetamos toda vida humana.

- Respetamos nuestros cuerpos y el cuerpo de los demás.

- Nos protegemos unos a otros, especialmente aquellos que no pueden protegerse a sí mismos.

- Cuidamos de nuestras pertenencias.

- Somos justos cuando jugamos.

- No robamos lo que pertenece a otro.

- Decimos la verdad y somos amables con los demás.

- Mostramos agradecimientos por nuestras familias y amigos.

- Mostramos que agradecemos lo que tenemos.

Vocabulario

mandamientos leyes de Dios

Gran Mandamiento enseñanza de Jesús sobre el amor a Dios y a los demás

Diez Mandamientos diez leyes especiales que Dios dio a su pueblo

RESPONDEMOS

 Escribe dos maneras en que puedes mostrar amor por ti y por los demás.

_____

_____

_____

God wants us to show that we love others as we love ourselves.

God wants us to treat one another as brothers and sisters. In the fourth through the tenth commandments, we learn ways to love ourselves and others. Here are some of the ways.

- We obey our parents and all who care for us.

- We respect all human life.

- We respect our bodies and the bodies of others.

- We protect everyone, especially those who cannot protect themselves.

- We take care of what we own.

- We are fair when playing.

- We do not steal what other people own.

- We tell the truth and speak kindly of others.

- We show that we are thankful for our family and friends.

- We show that we are thankful for what we own.

WE RESPOND

Write two ways you can show love for yourself and others.

_____

_____

_____

Capítulo 9

Encierra en un círculo la respuesta correcta.

1. La enseñanza de Jesús de amar a Dios y a los demás es el Gran Mandamiento.

   Sí   No   ?

2. Siempre debemos mencionar el nombre de Dios con respeto.

   Sí   No   ?

3. Podemos tomar cosas de otros.

   Sí   No   ?

4. Proteger la vida de alguien es una forma de cumplir la ley de Dios.

   Sí   No   ?

5. ¿Por qué los Diez Mandamientos son importantes?

   _____

Reflexiona y ora

Querido Dios, gracias por tu regalo de los Diez Mandamientos. Sé que son leyes que:

_____

Review

Chapter 9

Circle the correct answer.

1. Jesus' teaching to love God and others is the Great Commandment.

   Yes　　　　　No　　　　　?

2. We should always speak God's name with respect.

   Yes　　　　　No　　　　　?

3. We can take things that we like from others.

   Yes　　　　　No　　　　　?

4. Protecting the lives of everyone is one way we follow God's law.

   Yes　　　　　No　　　　　?

5. Why are the Ten Commandments important?

   _____

Reflect & Pray

Dear God, thank you for the gift of the Ten Commandments. I know that they are laws that

_____

Respondemos y compartimos la fe

Compartiendo lo aprendido

Mira la ilustración. Usala para contar a tu familia lo que aprendiste en este capítulo.

Para que todos vean

"Señor, la tierra está llena de tu amor; ¡enséñame tus leyes!"
Salmo 119:64

Recuerda

- Jesús nos enseñó el Gran Mandamiento.
- Los Diez Mandamientos nos ayudan a vivir como hijos de Dios.
- Dios quiere que le mostremos amor y respeto.
- Dios quiere que mostremos que amamos a los demás como nos amamos a nosotros mismos.

NUESTRA VIDA CATOLICA

Vivir los mandamientos

Dios quiere que cumplamos los Diez Mandamientos aun cuando nos estemos divirtiendo. Podemos hacer esto cumpliendo las reglas de los juegos, siendo honestos, respetando a los demás jugadores, ayudando a los compañeros de equipo que no juegan muy bien, no diciendo malas palabras ni haciendo trucos para ganar el juego.

Visita Sadlier en
www.CREEMOSweb.com

Conexión con el Catecismo
Para referencia vea los párrafos 2055, 2059, 2067 y 2069.

We Respond and Share the Faith

Sharing What I Learned

Look at the picture. Use it to tell your family what you learned in this chapter.

For All to See

"The earth, LORD, is filled with your love; teach me your laws."
Psalm 119:64

Remember

- Jesus taught us the Great Commandment.
- The Ten Commandments help us to live as God's children.
- God wants us to show him our love and respect.
- God wants us to show that we love others as we love ourselves.

OUR CATHOLIC LIFE

Living the Commandments

God wants us to follow the Ten Commandments even when we are playing games. We do this by following game rules, being honest, respecting other players, helping the team members who do not play as well as others, not saying mean words, not doing mean things just to win a game.

Connect to the Catechism
For adult background and reflection, see paragraphs 2055, 2059, 2067, and 2069.

Visit Sadlier's

www.CREEMOSweb.com

10 Cumplimos las leyes de Dios

NOS CONGREGAMOS

 Líder: Dios nos da leyes porque nos ama y quiere que seamos felices. Escuchemos las palabras que Jesús dijo a sus discípulos.

Lector: "Yo los amo a ustedes como el Padre me ama a mí; permanezcan, pues, en el amor que les tengo. Si obedecen mis mandamientos, permanecerán en mi amor, así como yo obedezco los mandamientos de mi Padre y permanezco en su amor". (Juan 15:9–10)

Todos: Jesús, gracias por amarnos. Que nuestro amor por ti y los demás crezca cada día.

☀ Piensa en una decisión que tienes que tomar hoy.

CREEMOS

Jesús quiere que cumplamos los mandamientos.

Jesús tomó decisiones durante su vida en la tierra. El escogió amar a todo el mundo. Jesús escogió ayudar aun cuando estuviera cansado. Escogió pasar tiempo con personas, pobres y ricas. Jesús tomó esas decisiones aun cuando otras personas no estaban de acuerdo con él.

We Follow God's Laws

WE GATHER

 Leader: God gives us laws because he loves us and wants us to be happy. Listen to these words Jesus said to his disciples.

Reader: "As the Father loves me, so I also love you. Remain in my love. If you keep my commandments, you will remain in my love, just as I have kept my Father's commandments and remain in his love."

(John 15:9–10)

All: Jesus, thank you for loving us. May our love for you and others grow stronger everyday.

Talk about one choice that you made today.

WE BELIEVE

Jesus wants us to follow the commandments.

Jesus made choices all during his life on earth. He chose to love everyone. Jesus chose to help people even when he felt tired. He chose to spend time with people, both the poor and the rich. Jesus made these choices even when others did not agree with him.

111

Jesús quiere que sigamos su ejemplo de ayudar a los demás. El quiere que cumplamos los mandamientos. Jesús sabe que no es siempre fácil para nosotros escoger amar a Dios y a los demás. Es por eso que él envía al Espíritu Santo para que nos ayude.

> Encierra en un círculo las palabras que completen la oración.
>
> Cuando escogemos amar a Dios y a los demás somos _____.
>
> justos   egoístas   amables   serviciales

Dios da libre albedrío a todo el mundo.

Dios nunca nos obliga a amarle o a obedecerle. Dios nos deja escoger amarlo y amar a los demás. El nos deja escoger entre cumplir los mandamientos o no. El don de Dios que nos permite tomar decisiones es el **libre albedrío**.

Somos responsables de lo que hacemos. Somos responsables de lo que sucede por las decisiones que tomamos.

Puedes tomar buenas decisiones cuando tomas tiempo para pensar antes de actuar. Puedes hacerte dos preguntas:

- Si hago eso, ¿mostraré mi amor a Dios, a mí mismo y a los demás?

- ¿Qué quiere Jesús que haga?

¿Cómo puedes hacer lo que Jesús quiere que hagas?

Jesus wants us to follow his example of caring for everyone. He wants us to follow the commandments. Jesus knows that it is not always easy for us to choose to love God and others. That is why he sent the Holy Spirit to help us.

Circle all the words that complete the sentence.

We choose to love God and others when we are _____.

fair   selfish   kind   helpful

God gives each person free will.

God never forces us to love and obey him. God lets us choose to love him and others. He lets us choose between following the commandments and not following them. God's gift to us that allows us to make choices is **free will**.

We are responsible for what we do. We are responsible for what happens because of our choices.

You can make good choices when you take time to think before you act. You can ask yourself these two questions:

• If I do this, will I show love for God, myself, and others?

• What would Jesus want me to do?

How can you know what Jesus would want you to do?

La amistad con Dios es dañada por el pecado.

Cometer es otra palabra para "hacer". **Pecado** es cualquier pensamiento, palabra u obra que cometemos libremente aun cuando sabemos es malo. No pecamos por accidente.

Algunos pecados son muy serios. Estos son **pecados mortales**. La persona que comete uno de estos pecados rompe su relación con Dios. No tiene la gracia de Dios en su vida.

Pecados veniales son pecados menos serios que los mortales. Quien comete estos pecados rompe la ley de Dios pero sigue teniendo su gracia.

Cuando pecamos ofendemos a Dios, a los demás y a nosotros mismos. Es importante recordar siempre el mensaje.

Colorea las palabras del mensaje.

Dios nunca deja de amarnos. Dios

siempre nos perdona

si estamos arrepentidos.

114

Friendship with God is hurt by sin.

Commit is another word for "do." **Sin** is any thought, word, or act that we freely choose to commit even though we know that it is wrong. We cannot commit sin by accident.

Some sins are very serious. These sins are **mortal sins**. People who commit these sins break their friendship with God. They do not share in God's grace, his life in them.

Venial sins are less serious than mortal sins. People who commit these sins hurt their friendship with God. But they still share in God's grace.

When we commit sin we hurt ourselves and others, too. But it is important to always remember the message below.

🏃 Color the words.

God never stops loving us. God will

always forgive

us when we are sorry.

115

Jesús nos enseñó sobre el perdón de Dios.

Jesús contó historias para enseñar sobre el amor y el perdón de Dios. El enseñó que Dios siempre nos ama y está dispuesto a perdonarnos. Otra palabra para el amor y el perdón de Dios es **misericordia**.

He aquí una historia sobre la misericordia de Dios.

Lucas 15:11–24

Había un padre que tenía dos hijos. Un día el menor le pidió su parte del dinero de la familia. El hijo tomó el dinero y se fue de la casa. El joven gastó el dinero con nuevos amigos. Pronto el dinero se le terminó. Entonces pensó en las decisiones que había tomado. Recordó que su padre lo amaba.

El joven iba camino a casa cuando su padre lo alcanzó a ver. El padre corrió a su encuentro. El joven le dijo que estaba arrepentido. El padre lo perdonó y preparó una celebración por el regreso de su hijo. "Y comenzaron a hacer fiesta".

(Lucas 15:24)

El padre en esta historia mostró misericordia por su hijo. Dios, el Padre, es misericordioso con cada uno de nosotros. El siempre nos perdonará si estamos arrepentidos.

Vocabulario

libre albedrío el don de Dios que nos permite tomar decisiones

pecado pensamiento, palabra u obra que cometemos libremente aun cuando sabemos es malo

pecados mortales pecados que rompen nuestra relación con Dios

pecados veniales pecados que dañan nuestra relación con Dios

misericordia el amor y el perdón de Dios

RESPONDEMOS

¿Cómo te sientes al saber que Dios está siempre dispuesto a perdonarte?

Jesus taught us about God's forgiveness.

Jesus told stories to teach about God's love and forgiveness. He taught that God always loves us and is ready to forgive us. Another word for God's love and forgiveness is **mercy**.

Here is a story about God's mercy.

Luke 15:11–24

There was a loving father who had two sons. One day the younger son asked his father for his share of the family's money. The son took his money and left home. The young man spent his money on new friends. Soon all his money was gone. The young man began to think about the choices he had made. He remembered his father's love.

The young man was on the road home when his father saw him. The father ran to welcome him back. The young man told his father he was sorry. The father forgave his son and prepared to celebrate his son's return. "Then the celebration began." (Luke 15:24)

The father in this story showed mercy to his son. God the Father shows each of us his mercy. He will always forgive us when we are sorry.

WE RESPOND

How do you feel knowing that God is always ready to forgive you?

Capítulo 10

Usa las siguientes palabras para completar las oraciones del 1–4.

mortales	misericordia	cometer
mandamientos	libre albedrío	veniales

1. Los pecados que dañan nuestra relación con Dios

   y con los demás son pecados _____.

2. Los pecados que rompen nuestra relación con

   Dios y con los demás son pecados _____.

3. Jesús quiere que sigamos los _____.

4. Otra palabra para el amor y el perdón de

   Dios es _____.

5. ¿Qué es el don del libre albedrío?

   _____

Reflexiona y ora

Espíritu Santo, cuando tenga que escoger entre el bien
y el mal

_____

Review

Chapter 10

Use these words to complete sentences 1–4.

mortal	mercy	commit
commandments	free will	venial

1. Sins that hurt our friendship with God are

    _____ sins.

2. Sins that break our friendship with God are

    _____ sins.

3. Jesus wants us to follow the _____.

4. Another word for God's love and forgiveness

    is _____.

5. What is the gift of free will?

    _____

Reflect & Pray

Holy Spirit, when I have to choose between doing the right thing and the wrong thing,

_____

Respondemos y compartimos la fe

Compartiendo lo aprendido

Mira la ilustración. Usala para contar a tu familia lo que aprendiste en este capítulo.

Para que todos vean

"Si quieres, puedes cumplir lo que él manda, y puedes ser fiel haciendo lo que le gusta".

Sirácides 15:15

Recuerda

- Jesús quiere que cumplamos los mandamientos.
- Dios da libre albedrío a todo el mundo.
- La amistad con Dios es dañada por el pecado.
- Jesús nos enseñó sobre el perdón de Dios.

NUESTRA VIDA CATOLICA

Escogiendo amigos

Una importante decisión que tomamos en la vida es escoger nuestros amigos. Los amigos se desean lo mejor. Cuando escoges una persona para ser tu amigo puedes hacerte las siguientes preguntas: ¿Cómo actúo cuando estoy con esa persona? ¿Qué decisiones tomo cuando estoy con esa persona? ¿Quiere esa persona lo mejor para mí?

Visita Sadlier en

www.CREEMOSweb.com

Conexión con el Catecismo
Para referencia vea los párrafos 2074, 1730, 1850 y 981.

We Respond and Share the Faith

Sharing What I Learned

Look at the picture. Use it to tell your family what you learned in this chapter.

For All to See

"If you choose you can keep the commandments; it is loyalty to do his will."
Sirach 15:15

Remember

• Jesus wants us to follow the commandments.
• God gives each person free will.
• Friendship with God is hurt by sin.
• Jesus taught us about God's forgiveness.

OUR CATHOLIC LIFE

Choosing Friends

One important decision we make in life is choosing our friends. Good friends want the best for one another. When you choose a person to be your friend, think about: How do I act when I am with this person? What kind of choices do I make when I am with this person? Does this person want the best for me?

Connect to the Catechism
For adult background and reflection, see paragraphs 2074, 1730, 1850, and 981.

Visit Sadlier's
www.CREEMOSweb.com

Nos preparamos para el sacramento del perdón

NOS CONGREGAMOS

✝ **Líder:** Jesús es nuestro Buen Pastor.

Todos: Jesús, somos las ovejas de tu rebaño.

Líder: Jesús, no permitas que nos separemos de ti.

Todos: Jesús, Buen Pastor, escúchanos.

Líder: Jesús, cuando no seguimos tus enseñanzas.

Todos: Perdónanos y guíanos a regresar al redil.

 ¿Por qué crees que los familiares y los amigos se perdonan unos a otros? ¿Cómo muestran su perdón?

CREEMOS

Jesús nos invita a celebrar el perdón de Dios.

Jesús quería que el pueblo entendiera el amor y el perdón de Dios. Así que les contó esta historia.

 Lucas 15:4–6

Había un pastor que cuidaba de cien ovejas. Un día una de las ovejas se perdió. El pastor dejó a noventa y nueve ovejas. Buscó la perdida hasta que la encontró. El pastor colocó la oveja en sus hombros y se la llevó. Cuando regresó a la casa, llamó a todos sus amigos y les dijo: "Felicítenme, porque ya encontré a la oveja que se me había perdido". (Lucas 15:6)

WE GATHER

✝ **Leader:** Jesus is our Good Shepherd.

All: Jesus, we are the sheep of your flock.

Leader: Jesus, may we never wander far from you.

All: Jesus, Good Shepherd, hear us.

Leader: Jesus, when we have not followed your ways,

All: Forgive us and lead us back to your loving ways.

 Why do you think friends and family forgive each other? How do they show their forgiveness?

WE BELIEVE

Jesus invites us to celebrate God's forgiveness.

Jesus wanted people to understand God's love and forgiveness. So he told this story.

📖 Luke 15:4–6

There was a shepherd who took care of one hundred sheep. One day one of the sheep wandered away. The shepherd left the other ninety-nine sheep. He searched for the lost one until he found it. The shepherd put the sheep on his shoulders and carried it. When he got home, he called together his friends. He said, "Rejoice with me because I have found my lost sheep." (Luke 15:6)

El pecado nos separa de Dios y de los demás. Cuando pecamos, somos como la oveja perdida. Pero Jesús nos ofrece una forma para regresar.

El nos da una forma para recibir el perdón de Dios. La Iglesia celebra este perdón en el sacramento de la Penitencia y Reconciliación.

 ¿Qué dice la historia de Jesús sobre la oveja perdida acerca del amor de Dios?

Jesús comparte el perdón y la paz de Dios en el sacramento de la Penitencia y Reconciliación.

Cuando pecamos no estamos en paz con Dios, con nosotros mismos ni con los demás. En los evangelios leemos historias sobre gente que no estaba en paz con Dios. Jesús perdonó sus pecados. Jesús compartió la misericordia y la paz de Dios con ellos.

Jesús nos da una forma de encontrar la paz. El comparte el perdón de Dios con nosotros. En el sacramento de la **Penitencia y Reconciliación** recibimos y celebramos el perdón de Dios de nuestros pecados. Podemos llamar a este sacramento el sacramento de la Reconciliación.

Jesús dio a los apóstoles el poder de perdonar el pecado en su nombre. Hoy en el sacramento de la Reconciliación, los obispos y los sacerdotes perdonan los pecados en nombre de Jesús. Ellos reciben el poder de perdonar los pecados en el sacramento del Orden.

Sin separates us from God and one another. When we sin, we are like the lost sheep. But Jesus has given us a way to come back together again.

He has given us a way to receive God's forgiveness. The Church celebrates this forgiveness in the sacrament of Penance and Reconciliation.

What does Jesus' story of the lost sheep help you to know about God's love?

Jesus shares God's forgiveness and peace in the sacrament of Penance and Reconciliation.

When we sin, we are not at peace with God, ourselves, or others. In the gospels we read some stories about people who were not at peace with God. Jesus forgave their sins. Jesus shared God's mercy and peace with them.

Jesus gives us a way to find peace, too. He shares God's forgiveness with us. In the sacrament of **Penance and Reconciliation** we receive and celebrate God's forgiveness of our sins. We can call this sacrament the sacrament of Reconciliation.

Jesus gave his apostles the power to forgive sin in his name. Today in the sacrament of Reconciliation, bishops and priests forgive sins in Jesus' name. They received this power to forgive sins in the sacrament of Holy Orders.

⬦ Encierra en un círculo cada tercera letra para encontrar la palabra que falta para completar la oración. Escribe la palabra en el espacio en blanco.

b o **p** l k **a** c y **z**

El sacramento de la Reconciliación nos trae

la _____ de Dios.

Examinamos nuestras conciencias.

Dios ha dado a cada persona una **conciencia**. Este don ayuda a la persona a saber lo que es bueno y lo que es malo.

Podemos prepararnos para celebrar el sacramento de la Reconciliación examinando nuestra conciencia. Esto quiere decir pensar en lo que hemos hecho, en nuestras acciones, palabras y pensamientos.

El Espíritu Santo nos ayuda a recordar nuestras decisiones. Pensamos en cuando no hemos cumplidos los Diez Mandamientos. Nos hacemos preguntas como:

- ¿Usé el nombre de Dios con respeto y recé?

- ¿Cuidé de mi persona y de los dones que Dios me ha dado?

- ¿Obedecí a mis padres y a los que cuidan de mí?

⬦ Piensa en otras preguntas que puedes hacerte para examinar tu conciencia.

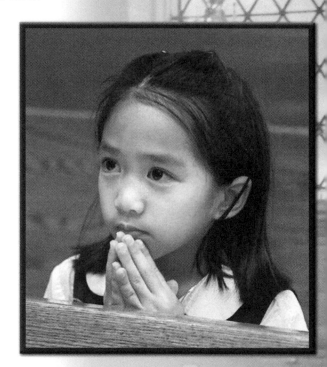

Como católicos...

Muchos católicos examinan sus conciencias antes de acostarse. Piensan en lo que hicieron o no hicieron para seguir el ejemplo de Jesús durante ese día. Se preguntan si respetaron a Dios, a ellos mismos y a los demás. Luego piden al Espíritu Santo les ayude a tomar mejores decisiones.

Pide al Espíritu Santo te ayude a tomar buenas decisiones.

Circle every third letter to find the missing word. Write the word in the sentence.

n o p c d e y z a b d c f g e

The sacrament of Reconciliation brings us

God's _____.

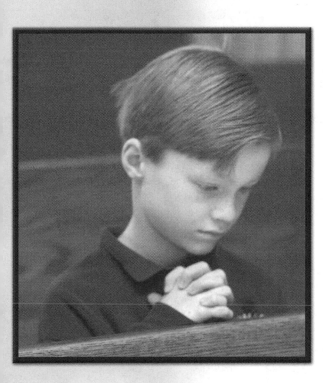

We examine our conscience.

God has given each person a **conscience**. This gift helps a person to know what is right and what is wrong.

We can prepare to celebrate the sacrament of Reconciliation by examining our conscience. This means we think about our thoughts, words, and actions.

The Holy Spirit helps us to remember the choices we have made. We think about the ways we have or have not followed the Ten Commandments. We ask ourselves:

• Did I speak God's name with respect and pray to him?

• Did I care for myself and the gifts God has given to me?

• Did I obey my parents and all those who care for me?

Think about other questions you can ask yourself to examine your conscience.

Decimos a Dios que estamos arrepentidos de nuestros pecados.

Otra palabra para arrepentimiento es *contrición*. Decimos a Dios que estamos arrepentidos de nuestros pecados en el sacramento de la Reconciliación. También decimos a Dios que trataremos de no pecar de nuevo. Hacemos estas dos cosas cuando rezamos el acto de contrición.

Prepárate para el sacramento de la Reconciliación aprendiendo esta oración.

Acto de Contrición

Dios mío,
con todo mi corazón me arrepiento
de todo el mal que he hecho y de
todo lo bueno que he dejado de hacer.
Al pecar, te he ofendido a ti,
que eres el supremo bien y digno de ser
amado sobre todas las cosas.
Propongo firmemente, con la ayuda de tu
gracia, hacer penitencia, no volver a
pecar y huir de las ocasiones de pecado.
Señor, por los méritos de la pasión
de nuestro Salvador Jesucristo,
apiádate de mí. Amén.

RESPONDEMOS

¿Cómo vas a mostrar a Dios que estás verdaderamente arrepentido? Recen el Acto de Contrición que está en esta página.

Vocabulario

Penitencia y Reconciliación es el sacramento en que recibimos y celebramos el perdón de Dios por nuestros pecados

conciencia don de Dios que nos ayuda a saber lo que es bueno y lo que es malo

We tell God we are sorry for our sins.

Another word for sorrow is *contrition*. We tell God we are sorry for our sins in the sacrament of Reconciliation. We also tell God we will try not to sin again. We do both of these things when we say the Act of Contrition.

Prepare for the sacrament of Reconciliation by learning this prayer.

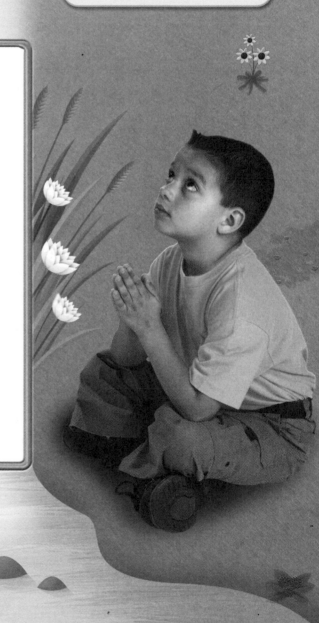

Act of Contrition

My God,
I am sorry for my sins with all my heart.
In choosing to do wrong
and failing to do good,
I have sinned against you
whom I should love above all things.
I firmly intend, with your help,
to do penance,
to sin no more,
and to avoid whatever leads me to sin.
Our Savior Jesus Christ
suffered and died for us.
In his name, my God, have mercy.

WE RESPOND

How can you show God you are truly sorry? Pray together the Act of Contrition on this page.

Capítulo 11

Colorea el círculo al lado de la respuesta correcta.

1. Nuestra _____ nos ayuda a saber lo que está mal y lo que está bien.

○ conciencia ○ contrición

2. No estamos en paz con Dios, con nosotros mismos ni con los demás cuando _____.

○ pecamos ○ amamos

3. Reconciliación es un sacramento de _____.

○ perdón ○ olvido

4. _____ es una oración de arrepentimiento.

○ La Señal de la Cruz ○ El Acto de Contrición

5. Escribe dos formas en que te puedes preparar para el sacramento de la Reconciliación.

_____

Reflexiona y ora

Escribe una oración diciendo a Dios que estás arrepentido de tus pecados.

_____

Fill in the circle beside the correct answer.

1. Our _____ helps us to know right from wrong.

   ○ conscience   ○ contrition

2. We are not at peace with God, ourselves, and others when we _____.

   ○ sin   ○ love

3. Reconciliation is a sacrament of _____.

   ○ forgiveness   ○ forgetting

4. The _____ is a prayer of sorrow.

   ○ Sign of the Cross   ○ Act of Contrition

5. Write two ways that you can prepare for the sacrament of Reconciliation.

   _____

Reflect & Pray

Write your own prayer to tell God you are sorry for your sins.

_____

Respondemos y compartimos la fe

Compartiendo lo aprendido

Mira la ilustración. Usala para contar a tu familia lo que aprendiste en este capítulo.

Para que todos vean

Acto de Contrición

Dios mío,
con todo mi corazón me arrepiento de todo el mal que he hecho y de todo lo bueno que he dejado de hacer.
Al pecar, te he ofendido a ti, que eres el supremo bien y digno de ser amado sobre todas las cosas. Propongo firmemente, con la ayuda de tu gracia, hacer penitencia, no volver a pecar y huir de las ocasiones de pecado. Señor, por los méritos de la pasión de nuestro Salvador Jesucristo, apiádate de mí.
Amén.

Recuerda

- Jesús nos invita a celebrar el perdón de Dios.
- Jesús comparte el perdón y la paz de Dios en el sacramento de la Penitencia y Reconciliación.
- Examinamos nuestras conciencias.
- Decimos a Dios que estamos arrepentidos de nuestros pecados.

NUESTRA VIDA CATÓLICA

¿Cuándo celebramos?

La Iglesia nos anima a celebrar el sacramento de la Reconciliación. Si alguien peca y rompe su amistad con Dios, comete un pecado mortal que debe ser confesado a un sacerdote. Los pecados veniales también deben confesarse porque dañan la relación entre las personas y Dios. En la Reconciliación recibimos el perdón y estamos en paz con Dios y con los demás.

Visita Sadlier en

www.CREEMOSweb.com

Conexión con el Catecismo
Para referencia vea los párrafos 1441, 1446, 1451 y 1454.

We Respond and Share the Faith

Sharing What I Learned

Look at the picture. Use it to tell your family what you learned in this chapter.

Remember

- Jesus invites us to celebrate God's forgiveness.
- Jesus shares God's forgiveness and peace in the sacrament of Penance and Reconciliation.
- We examine our conscience.
- We tell God we are sorry for our sins.

For All to See

Act of Contrition

My God,
I am sorry for my sins
  with all my heart.
In choosing to do wrong
and failing to do good,
I have sinned against you
whom I should love above
  all things.
I firmly intend, with your help,
to do penance,
to sin no more,
  and to avoid whatever
leads me to sin.
Our Savior Jesus Christ
suffered and died for us.
In his name, my God,
  have mercy.

OUR CATHOLIC LIFE

When Do We Celebrate?

The Church encourages us to celebrate the sacrament of Reconciliation. If people sin in a way that breaks friendship with God, these mortal sins must be told to the priest. Venial sins should also be told since they hurt people's friendship with God and with one another. In Reconciliation we receive forgiveness and are at peace with God and with one another.

Connect to the Catechism
For adult background and reflection, see paragraphs 1441, 1446, 1451, and 1454.

Visit Sadlier's
www.CREEMOSweb.com

NOS CONGREGAMOS

✝ **Todos:** Señor, ten piedad.

 El Señor es tierno y compasivo

El Señor es tierno y compasivo;
el perdona nuestras faltas.
El Señor es tierno y compasivo;
no abandona al pecador.

☀ ¿Qué haces cuando alguien te pide perdón?

CREEMOS

Pedimos perdón a Dios en el sacramento de la Reconciliación.

Cuando celebramos el sacramento de la Reconciliación, pensamos en las formas en que mostramos amor a Dios y a los demás. Esto es un examen de conciencia. Nos arrepentimos de nuestros pecados y prometemos no pecar más. Esto es llamado **contrición**.

Decimos nuestros pecados al sacerdote. Esto es la **confesión**. El sacerdote nos pide rezar o hacer algo para reparar nuestra falta. Esto es la **penitencia**.

Hacemos un acto de contrición diciendo a Dios que estamos arrepentidos. Prometemos no volver a pecar más. El sacerdote perdona nuestros pecados en el nombre de Jesús, esta es la **absolución**.

WE GATHER

✝ **All:** Lord, have mercy.

 We Come to Ask Forgiveness

We come to ask your forgiveness, O Lord,
and we seek forgiveness from each other.
Sometimes we build up walls instead
 of bridges to peace,
and we ask your forgiveness, O Lord.

 What do you do when someone
 asks you to forgive them?

WE BELIEVE

We ask for God's forgiveness in the sacrament of Reconciliation.

When we celebrate the sacrament of Reconciliation, we think about the ways we have shown or not shown love for God and for others. This is an examination of conscience. We are sorry for our sins and promise not to sin again. This is **contrition**.

We tell our sins to the priest. This is called **confession**. The priest tells us to say a prayer or to do a kind act to make up for our sins. This is called **a penance**.

We say an act of contrition to tell God we are sorry. We promise not to sin again. The priest acting in the name of Jesus forgives our sins. This is called **absolution**.

Estos pasos son siempre parte del sacramento de la Reconciliación. Cuando celebramos este sacramento, nos encontramos con un sacerdote. El actúa en nombre de Jesús. Podemos sentarnos frente al sacerdote o arrodillarnos detrás de una rejilla.

¿Qué le decimos a Dios cuando hacemos la penitencia que nos impone el sacerdote?

Celebramos el perdón de Dios en el sacramento de la Reconciliación.

Esto pasó cuando Lucy fue a celebrar el sacramento de la Reconciliación con el padre Pedro.

Lee conmigo

- El padre Pedro saluda a Lucy y ambos hacen la señal de la cruz.
- Lucy escucha una lectura de la Biblia sobre el perdón de los pecados.
- Lucy confiesa sus pecados al padre Pedro.
- El padre Pedro y Lucy hablan sobre lo que ella debe hacer para tomar buenas decisiones. Después él le da una penitencia. Lucy hará su penitencia al finalizar la celebración del sacramento.
- Lucy hace un acto de contrición.
- Lucy recibe la absolución, o perdón, de sus pecados. El sacerdote extiende su mano derecha sobre la cabeza de Lucy. El reza:

  "Dios, Padre misericordioso, que, por la muerte y resurrección de su Hijo, reconcilió consigo al mundo y derramó el Espíritu Santo para el perdón de los pecados te conceda el perdón y la paz, por el ministerio de la Iglesia. Y yo te absuelvo de tus pecados en el nombre del Padre y del Hijo, † y del Espíritu Santo".

  Lucy dice: Amén.
- El padre Pedro y Lucy dan gracias a Dios por su perdón. El padre le dice: "Vete en paz".

Podemos celebrar la Reconciliación de la forma en que lo hizo Lucy.

Habla sobre como nos ayuda celebrar el sacramento de la Reconciliación.

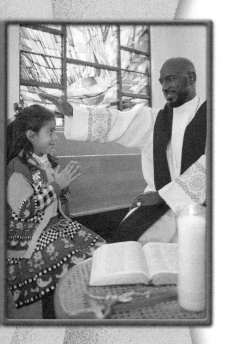

These steps are always part of the sacrament of Reconciliation. When we celebrate this sacrament, we meet with the priest. He acts in the name of Jesus. We may sit and face the priest or kneel behind a screen.

What are we telling God when we do the penance the priest gives us?

We celebrate God's forgiveness in the sacrament of Reconciliation.

This is what happened when Lucy went to Father Peter to celebrate the sacrament of Reconciliation.

Read Along

- Father Peter welcomed Lucy. They both made the sign of the cross.
- Lucy listened to a story from the Bible about God's forgiveness.
- Lucy confessed her sins to Father Peter.
- Father Peter and Lucy talked about what she could do to make right choices. Then Father gave Lucy a penance. Lucy will do her penance after the celebration of the sacrament.
- Lucy prayed an act of contrition.
- Lucy received absolution, or forgiveness, from her sins. Father Peter stretched out his right hand over Lucy's head. He prayed:

    "God, the Father of mercies,
    through the death and resurrection of his Son
    has reconciled the world to himself
    and sent the Holy Spirit among us
    for the forgiveness of sins;
    through the ministry of the Church
    may God give you pardon and peace,
    and I absolve you from your sins
    in the name of the Father, and of the Son, †
    and of the Holy Spirit."

    Lucy answered, "Amen."
- Father Peter and Lucy thanked God for his forgiveness. Father told Lucy, "Go in peace."

We can celebrate Reconciliation as Lucy did.

Talk about ways Reconciliation helps us.

El sacerdote de la parroquia siempre está dispuesto a ayudarnos. El nos escucha y ayuda a seguir a Jesús. Decimos nuestros pecados al sacerdote en el sacramento de la Reconciliación. El sacerdote no dice a nadie los pecados que le confesamos.

Celebramos el sacramento de la Reconciliación con nuestra comunidad parroquial.

Algunas veces, la comunidad parroquial se reúne para celebrar el sacramento de la Reconciliación. Esto nos ayuda a ver que todos necesitamos del perdón. Esto es lo que pasa durante esa celebración:

Lee conmigo

- La comunidad parroquial canta una canción.
- Escuchamos una lectura de la Biblia sobre el amor y el perdón de Dios.
- El sacerdote habla sobre la lectura.
- Escuchamos preguntas que nos ayudan a examinar nuestra conciencia.
- Hacemos una oración para decir a Dios que estamos arrepentidos de nuestros pecados. Juntos rezamos el Padrenuestro.
- Cada uno va a confesar sus pecados al sacerdote.
- El sacerdote da la penitencia a cada persona.
- Cada persona recibe la absolución de sus pecados.
- Todos rezan juntos y dan gracias a Dios por su misericordia.
- El sacerdote bendice la comunidad.
- El sacerdote dice: "Vayan en paz".

¿Qué es especial en la celebración del sacramento de la Reconciliación con tu comunidad parroquial?

We celebrate the sacrament of Reconciliation with our parish community.

Our parish community sometimes gathers to celebrate the sacrament of Reconciliation together. This helps us see that all of us need forgiveness. This is what happens during that celebration.

Read Along

- The parish community sings a song.
- We listen to readings from the Bible about God's love and forgiveness.
- The priest talks to us about the readings.
- We listen to questions that are part of an examination of conscience.
- We say a prayer together to tell God we are sorry for our sins. Then together we pray the Our Father.
- Each person goes alone to tell his or her sins to the priest.
- The priest gives a penance to each person.
- Each person receives absolution from the priest.
- Together we all praise and thank God for his mercy.
- The priest blesses the parish community.
- He tells us to "Go in peace."

What is special about celebrating this sacrament with your parish community?

Jesús quiere que perdonemos a los demás.

 Mateo 18:21–22

Un día Pedro le preguntó a Jesús: "¿Cuántas veces deberé perdonar a mi hermano, si me hace algo malo? ¿Hasta siete?" Jesús le contestó: "No te digo hasta siete veces, sino hasta setenta veces siete". (Mateo 18:21, 22)

En esta historia, Jesús nos dice que debemos perdonar siempre a los demás. Cuando celebramos el sacramento de la Reconciliación, recibimos el perdón y la paz de Dios. Jesús quiere que perdonemos a los demás y compartamos del don de la paz de Dios con ellos.

RESPONDEMOS

Imagina que un amigo te dice algo hiriente. Después tu amigo te dice: "Lo siento. Espero me puedas perdonar".

Escribe lo que puedes decir o hacer para hacer la paz.

Jesus wants us to forgive others.

📖 Matthew 18:21–22

One day Peter asked Jesus, "Lord, if my brother sins against me, how often must I forgive him? As many as seven times?" Jesus answered, "I say to you, not seven times but seventy-seven times." (Matthew 18:21, 22)

In this story, Jesus is telling us that we should always forgive others. When we celebrate the sacrament of Reconciliation, we receive God's forgiveness and peace. Jesus wants us to forgive others and to share God's gift of peace with them.

WE RESPOND

👤 Imagine that your friend said some hurtful things to you. Then your friend said, "I am sorry. I hope you can forgive me."

Write what you can say and do to be a peacemaker.

_____

Key Words

contrition being sorry for our sins and promising not to sin again

confession telling our sins to the priest in the sacrament of Reconciliation

a penance a prayer or a kind act we do to make up for our sins

absolution God's forgiveness of our sins by the priest in the sacrament of Reconciliation

Capítulo 12

Traza una línea para conectar la palabra con su definición.

1. absolución •

    • una oración u obra que hacemos para reparar nuestros pecados.

2. penitencia •

    • decir nuestros pecados al sacerdote en el sacramento de la Reconciliación.

3. confesión •

    • Dios perdona nuestros pecados por medio del sacerdote en el sacramento de la Reconciliación.

4. contrición •

    • el arrepentimiento de nuestros pecados y nuestra promesa de no volver a pecar.

Completa esta oración con tus propias palabras.

5. Jesús nos habla sobre el perdón. El dice que

_____

Reflexiona y ora

Escribe sobre lo que significa "ir en paz".

_____

Chapter 12

Draw a line to match each word with its definition.

1. absolution •

• a prayer or kind act we do to make up for our sins

2. a penance •

• telling our sins to the priest in the sacrament of Reconciliation

3. confession •

• God's forgiveness of our sins by the priest in the sacrament of Reconciliation

4. contrition •

• we are sorry for our sins and we promise not to sin again

Use your own words to complete the sentence.

5. Jesus told us about forgiving others. He said that

_____

Reflect & Pray

Write about what it means to "Go in peace."

_____

Respondemos y compartimos la fe

Compartiendo lo aprendido

Mira la ilustración. Úsala para contar a tu familia lo que aprendiste en este capítulo.

Para que todos vean

Jesús dijo: "Paz a ustedes". Juan 20:21

Recuerda

- Pedimos perdón a Dios en el sacramento de la Reconciliación.
- Celebramos el perdón de Dios en el sacramento de la Reconciliación.
- Celebramos el sacramento de la Reconciliación con nuestra comunidad parroquial.
- Jesús quiere que perdonemos a los demás.

NUESTRA VIDA CATOLICA

Un pacificador

San Francisco de Asís es conocido como un pacificador. Cuando dos pueblos se fueron a la guerra, San Francisco les pidió dejar las armas. El los ayudó a llegar a un acuerdo pacífico. Francisco escribió una oración por la paz que todavía hoy rezamos. El escribió: "Señor, hazme un instrumento de tu paz".

Visita Sadlier en

www.CREEMOSweb.com

Conexión con el Catecismo
Para referencia vea párrafos 1425, 1455, 1468 y 1469.

We Respond and Share the Faith

Sharing What I Learned

Look at the picture. Use it to tell your family what you learned in this chapter.

For All to See

Jesus said, "Peace be with you."
John 20:21

Remember

- We ask for God's forgiveness in the sacrament of Reconciliation.
- We celebrate God's forgiveness in the sacrament of Reconciliation.
- We celebrate the sacrament of Reconciliation with our parish community.
- Jesus wants us to forgive others.

OUR CATHOLIC LIFE

A Peacemaker

Saint Francis of Assisi is known as a peacemaker. When one town went to war against another, Francis asked them to put away their weapons. He helped them come to a peaceful agreement. Francis wrote a prayer for peace that we still pray today. He wrote, "Lord, make me an instrument of your peace."

Connect to the Catechism
For adult background and reflection, see paragraphs 1425, 1455, 1468, and 1469.

Visit Sadlier's
www.CREEMOSweb.com

Adviento es un tiempo de espera y preparación.

NOS CONGREGAMOS

🎵 **Levántate**

Levántate que está llegando.
El Señor viene ya.
El Señor viene ya.
El Señor viene ya.
Nos traerá su resplandor,
nos traerá la luz, la paz.

CREEMOS

El Adviento es un tiempo de preparación para celebrar la venida de Jesús. Esperamos y velamos por los signos del amor de Dios en el mundo. Podemos verlos en:

• los dones de la creación

• la amabilidad de las personas

• el trabajo de la Iglesia.

Habla sobre algunos signos del amor de Dios.

"El es quien nos concede ahora preparanos con alegría al misterio de su nacimiento".

Prefacio de Adviento, plegaria eucarística

Advent is a season of waiting and preparing.

WE GATHER

♪ **Stay Awake**

Stay awake, be ready.
You do not know the hour
when the Lord is coming.
Stay awake, be ready.
The Lord is coming soon!
Alleluia, alleluia!
The Lord is coming soon!

WE BELIEVE

The season of Advent is a time to prepare to celebrate the coming of Jesus. We watch and wait for signs of God's love in the world. We can see them in:

- the gifts of his creation
- the loving ways of people
- the work of the Church.

Talk about other signs of God's love.

"In his love Christ has filled us with joy as we prepare to celebrate his birth."

Advent II Preface, Eucharistic Prayer

Jesús es el signo más grande del amor de Dios. Jesús es el Hijo de Dios que vino al mundo. Jesús trae vida y luz a todo el mundo.

Las cuatro semanas de Adviento están llenas de gozo y esperanza. Celebramos este tiempo en nuestro hogar y en nuestra parroquia. Una forma de celebrar es reunirse alrededor de la corona de Adviento. Esta corona se hace con ramas de pino y tiene cuatro velas. Cada vela representa una semana de Adviento.

 Primer domingo de Adviento Encendemos la primera vela morada.

 Segundo domingo de Adviento Encendemos las dos primeras velas moradas.

 Tercer domingo de Adviento Encendemos las dos velas moradas y la rosada.

 Cuarto domingo de Adviento Encendemos las cuatro velas.

Muestra como la corona de Adviento cambia a medida que pasa el tiempo.

Encendemos la corona de Adviento para recordar, estar atentos y esperar la venida de Jesús. La luz de las velas nos recuerda que Jesús es la Luz del Mundo.

Jesus is the greatest sign of God's love. Jesus is the Son of God who came into the world. Jesus brings life and light to all people.

The four weeks of Advent are filled with joy and hope. We celebrate this season at home and in our parish. One way of celebrating is by gathering around an Advent wreath. This wreath is made of evergreen branches and has four candles. There is one candle for each week of Advent.

 On the first Sunday of Advent we light the first purple candle.

 On the second Sunday of Advent we light the first and second purple candles.

 On the third Sunday of Advent we light the first and second purple candles and the rose candle.

 On the fourth Sunday of Advent we light all four candles.

 Show how the wreath changes as the weeks of Advent go by.

We light the Advent wreath to remind us to watch and wait for the coming of Jesus. The light from the candles reminds us that Jesus is the Light of the World.

RESPONDEMOS

Jesús nos pide compartir su luz con otros. Durante el tiempo de Adviento, podemos ayudar a otros a ver el amor de Dios. Piensa en lo que puedes hacer durante cada semana de Adviento.

✝ Respondemos en oración

Líder: Alabemos al Dios de gozo y esperanza.

Todos: Jesús, tú eres la Luz del Mundo.

Líder: Vamos a escuchar una lectura del Antiguo Testamento.

"El pueblo que andaba en la oscuridad vio una gran luz". (Isaías 9:2)

Palabra de Dios.

Todos: Demos gracias a Dios.

Líder: Oremos, por nuestros corazones y nuestros hogares.

Todos: Ven, Señor Jesús.

Líder: Por nuestras familias y amigos.

Todos: Ven, Señor Jesús.

Líder: Por todo el mundo.

Todos: Ven, Señor Jesús.

Líder: Vamos a caminar en la luz de Jesús.

Todos: Ven, Señor Jesús.

WE RESPOND

Jesus asks us to share his light with others. During the season of Advent, we can help people to see God's love. Think about what you can do in each week of Advent.

✝ We Respond in Prayer

Leader: Praised be the God of joy and hope.

All: Jesus, you are the Light of the World.

Leader: Let us listen to a reading from the Old Testament.

"The people who walked in darkness have seen a great light." (Isaiah 9:1)

The word of the Lord.

All: Thanks be to God.

Leader: Let us pray. To our hearts and to our homes,

All: Come, Lord Jesus!

Leader: To our families and friends,

All: Come, Lord Jesus!

Leader: To people everywhere,

All: Come, Lord Jesus!

Leader: Let us walk in the light of Jesus!

All: Come, Lord Jesus!

Respondemos y compartimos la fe

Compartiendo lo aprendido

Mira la ilustración. Usala para contar a tu familia lo que aprendiste en este capítulo.

Alrededor de la mesa

En familia, hagan unas servilletas especiales para las comidas durante los domingos de Adviento. Decoren trozos de papel o de tela con dones de la creación, que son signos del amor de Dios. Escriban mensajes de Adviento y oraciones en las servilletas. Pueden usar estos mensajes o hacer los suyos propios.

Ven, Señor Jesús.
Jesús es la Luz del Mundo.
Esperamos a Jesús con esperanza y gozo.

Oración para el Adviento

Coloca una vela en el centro de la mesa durante las comidas. Pide a un adulto encenderla. Después recen:

Jesús, eres la Luz del Mundo.
Al prepararnos para recibirte en nuestros corazones,
esta Navidad,
ayúdanos a compartir tu luz, entre nosotros y con todo el mundo.
Amén.

Conexión con el Catecismo
Para referencia vea el párrafo 524.

We Respond and Share the Faith

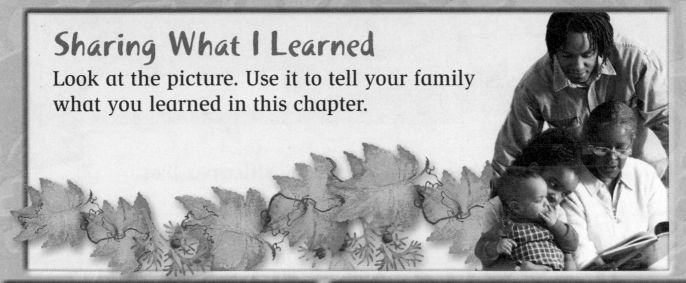

Sharing What I Learned

Look at the picture. Use it to tell your family what you learned in this chapter.

Around the Table

With your family, make special place mats for Sunday meals during Advent. Decorate large pieces of paper or fabric with gifts of creation, which are signs of God's love. Write Advent messages and prayers on the place mat, too. Use these messages and add your own!

Come, Lord Jesus!
Jesus is the Light of the
    World.
We wait for Jesus
with hope and joy.

An Advent Prayer

At your family meals, place a candle in the center of the table. Ask an adult to light it. Then turn out the lights and pray together.

Jesus, you are the Light of
    the World.
As we prepare to receive you
into our hearts this Christmas,
help us to share your light
    with one another,
with everyone we meet, and
with the whole world.
Amen.

Connect to the Catechism
For adult background and reflection, see paragraph 524.

Visit Sadlier's
www.CREEMOSweb.com

Navidad es tiempo para glorificar a Dios.

NOS CONGREGAMOS

¿Con quién celebras la Navidad? ¿En quién piensas mientras celebras?

CREEMOS

Durante el tiempo de Navidad celebramos algo maravilloso. Celebramos el regalo más grande que Dios nos ha dado, su Hijo, Jesús. Damos gloria a Dios por el nacimiento de Jesús.

Escenifica este drama de Navidad.

Lucas 2:1–20

Narrador: Durante el tiempo antes del nacimiento de Jesús, se decretó una nueva regla. Todo hombre debía regresar al pueblo de donde era su padre. Tenían que ser contados y registrados.

José era de Belén. El fue a Belén con María.

"¡Gloria a Dios en las alturas!"

Lucas 2:14

Christmas

Christmas is a season to give glory to God.

WE GATHER

Who are the people you celebrate Christmas with? Who do you think about when you celebrate?

WE BELIEVE

During the Christmas season, we celebrate something wonderful. We celebrate God's greatest gift to us, his Son, Jesus. We give glory to God for the birth of Jesus.

 Act out this Christmas play.

 Luke 2:1–20

Narrator: During that time before Jesus' birth, a new rule was made. All men had to go back to the town of their father's family. They had to sign a list and be counted.

Joseph was from Bethlehem. So he had to go to Bethlehem with Mary.

"Glory to God in the highest."
Luke 2:14

"Y sucedió que mientras estaban en Belén, le llegó a María el tiempo de dar a luz. Y allí nació su primer hijo, y lo envolvió en pañales y lo acostó en el establo, porque no había alojamiento para ellos en el mesón". (Lucas 2:6–7)

En las lomas los pastores cuidaban sus ovejas.

Pastores: Miren. El cielo está iluminado.

Narrador: Un ángel apareció a los atemorizados pastores.

Angel: "No tengan miedo, porque les traigo una buena noticia, que será motivo de gran alegría para todos: Hoy les ha nacido en el pueblo de David un salvador, que es el Mesías, el Señor. Como señal, encontrarán ustedes al niño envuelto en pañales y acostado en un establo". (Lucas 2:10–12)

Narrador: De repente, muchos ángeles llegaron. Todos alababan a Dios diciendo.

Los ángeles: "¡Gloria a Dios en las alturas!" (Lucas 2:14)

Narrador: Los pastores corrieron a Belén. Encontraron a María, a José y al niño Jesús acostado en un pesebre. Los pastores contaron lo que los ángeles les habían dicho sobre el niño. Todos estaban sorprendidos. Los pastores regresaron a su trabajo diciendo:

Pastores: Alabado sea Dios. Honor y gloria a Dios. Amén.

El Tiempo de Navidad dura dos semanas. Empieza el día de Navidad. Se usa el blanco. Blanco es un color de luz y gozo. Verás este color durante la celebración de las misas.

"While they were there, the time came for her to have her child, and she gave birth to her firstborn son. She wrapped him in swaddling clothes and laid him in a manger, because there was no room for them in the inn." (Luke 2:6–7)

On the hills nearby, some shepherds were watching their sheep.

Shepherds: Look! The sky is filled with light!

Narrator: All of a sudden, an angel appeared. The shepherds were afraid.

Angel: "Do not be afraid; for behold, I proclaim to you good news of great joy that will be for all the people. For today in the city of David a savior has been born for you who is Messiah and Lord. You will find an infant wrapped in swaddling clothes and lying in a manger." (Luke 2:10–12)

Narrator: Suddenly, many angels were there. They were all praising God and saying:

Angels: "Glory to God in the highest." (Luke 2:14)

Narrator: The shepherds hurried to Bethlehem. They found Mary and Joseph, and the baby lying in the manger. The shepherds told them what the angels had said about this child. All were amazed. The shepherds went back to their fields, saying:

Shepherds: Praise God! Glory and praise to God forever! Amen!

The Christmas season lasts about two weeks. It begins on Christmas Day. The color is white. White is a color of light and joy. You will see this color during the celebration of the Mass.

Durante la Navidad, celebramos que Jesús es la Luz del Mundo. El está con nosotros ahora y siempre.

RESPONDEMOS

Jesús está con nosotros ahora y siempre. ¿Con quién vas a compartir esta noticia? ¿Cómo la vas a compartir?

✝ Respondemos en oración

Líder: Señor, nuestro Dios,
te alabamos por la luz de la creación:
el sol, la luna y las estrellas.
Te alabamos por Jesucristo, tu Hijo:
El es Emanuel, Dios con nosotros, Príncipe de Paz, quien nos llena de tu amor.

Todos: Te alabamos, Señor Dios.

♫ Venid, fieles todos

Venid, fieles todos, a Belén vayamos
gozosos, triunfantes y llenos de amor,
y al rey de los cielos humilde veremos.

Venid, adoremos, venid, adoremos,
venid, adoremos a Cristo el Señor.

During the Christmas season, we celebrate that Jesus is the Light of the World. He is with us now and forever.

WE RESPOND

Jesus is with us now and forever. Who will you share this good news with? How will you share it?

✝ We Respond in Prayer

Leader: Lord our God,
 we praise you for the light of creation:
 the sun, the moon, and the stars of
 the night.
 We praise you for Jesus Christ, your Son:
 he is Emmanuel, God-with-us,
 the Prince of Peace,
 who fills us with the wonder of
 your love.

All: We praise you, Lord God.

🎵 **O Come, All Ye Faithful**

O come, let us adore him,
O come, let us adore him,
O come, let us adore him,
Christ, the Lord!

Respondemos y compartimos la fe

Compartiendo lo aprendido

Mira la ilustración. Usala para contar a tu familia lo que aprendiste en este capítulo.

Para que todos vean y recen

El tiempo de Navidad es bueno para bendecir el hogar. Juntos en familia recen esta bendición.

Señor, creador de cielo y tierra, bendice nuestro hogar.
Haz de este un lugar de paz y amor.
Que todo el que vive aquí lleve la luz y el amor de Cristo uno al otro.
Que acojamos a las visitas con gozo.
Que siempre nos preocupemos por los débiles y los pobres.
Te lo pedimos en nombre de Cristo, nuestro Señor.
Amén.

Visita Sadlier en

www.CREEMOSweb.com

Conexión con el Catecismo
Para referencia vea el párrafo 526.

160

We Respond and Share the Faith

Sharing What I Learned

Look at the picture. Use it to tell your family what you learned in this chapter.

For All to See and Pray

The Christmas season is a good time to bless your home. Together with your family, pray this blessing.

Lord, creator of heaven and earth,
   bless our home.
Make it a place of peace and love.
May all who live here bring the light
   and love of Christ to one another.
May we welcome visitors with joy.
May we always care for the weak
   and the poor.
We ask this through Christ our Lord.
Amen.

Connect to the Catechism
For adult background and reflection, see paragraph 526.

Visit Sadlier's
www.CREEMOSweb.com

Jesús nos da la Eucaristía

NOS CONGREGAMOS

✝ Demos gracias a Jesús cantando.

🎵 **Pan de vida**

Pan de vida, cuerpo del Señor,
cup of blessing, blood of Christ the Lord.
At this table the last shall be first.
Poder es servir, porque Dios es amor.

 ¿Qué comida especial has compartido?

CREEMOS

Jesús nos da vida.

 Escenifiquen la siguiente historia.

 Juan 6:2–14

Lector 1: Un día miles de personas fueron a escuchar a Jesús. El sabía que tenían hambre. Jesús pidió a sus discípulos que les dieran de comer.

Felipe: No podemos dar de comer a tanta gente.

Andrés: Un niño tiene cinco panes y dos peces.

Lector 2: Jesús tomó los panes y dio gracias. Pidió a sus discípulos repartirlos. Hubo comida para todos y sobró.

Todos: ¡Cuántas cosas maravillosas ha hecho Jesús por nosotros!

162

WE GATHER

✝ Let us thank Jesus by singing.

🎵 **Pan de vida**

Pan de vida, cuerpo del Señor,
cup of blessing, blood of Christ the Lord.
At this table the last shall be first.
Poder es servir, porque Dios es amor.

☀ What special meals have you shared?

WE BELIEVE

Jesus brings us life.

🏃 Act out the following story.

📖 John 6:2–14

Reader 1: One day thousands of people were listening to Jesus. He knew that they were hungry. Jesus asked his disciples to get food for all the people.

Philip: We could never find enough food to feed this many people!

Andrew: A boy has five loaves of bread and two fish.

Reader 2: Jesus took the loaves and gave thanks. He asked his disciples to give out the bread and fish. There was food for everyone and some leftover.

All: What a wonderful thing Jesus has done for us!

Jesús nos dijo: "Yo soy ese pan vivo que ha bajado del cielo; el que come de este pan, vivirá para siempre". (Juan 6:51)

Todos necesitamos pan para vivir y crecer. Todos necesitamos a Jesús para acercarnos más a Dios y compartir la vida de Dios. Jesús es el pan de vida. El es el Hijo de Dios que fue enviado para darnos vida.

🎵 Canten "Pan de vida".

Jesús celebró una comida especial con sus discípulos.

Todos los años el pueblo judío celebra la fiesta de pascua. Durante este tiempo santo, ellos se reúnen a compartir una comida especial. En esta comida rezan y alaban. Dan gracias a Dios por todo lo que les ha dado.

La noche antes de morir, Jesús celebró la pascua con sus discípulos.

📖 Marcos 14:22–24

Durante esta comida Jesús tomó pan y lo bendijo. El partió el pan y lo dio a sus discípulos. El dijo: "Tomen, esto es mi cuerpo". (Marcos 14:22)

Después tomó la copa de vino y dio gracias. Todos los discípulos tomaron de la copa. Jesús dijo: "Esto es mi sangre". (Marcos 14:24)

Jesus told us, "I am the living bread that came down from heaven; whoever eats this bread will live forever." (John 6:51)

All of us need bread to live and grow. All of us need Jesus to grow closer to God and share in God's life. Jesus is the living bread. He is the Son of God who was sent to bring us life.

🎵 Sing "Pan de vida."

Jesus celebrated a special meal with his disciples.

Every year the Jewish people celebrate the feast of Passover. During this holy time, they gather to share a special meal. At this meal they say prayers of blessing. They thank God for all he has done.

On the night before he died, Jesus was with his disciples to celebrate the Passover meal with them.

📖 Mark 14:22–24

During the meal Jesus took bread and said a blessing. He broke the bread and gave it to his disciples. He said, "Take it; this is my body." (Mark 14:22)

Then Jesus took a cup of wine and gave thanks. All the disciples drank from this cup. Jesus said, "This is my blood." (Mark 14:24)

La comida que Jesús compartió con sus discípulos la noche antes de morir es llamada la **última cena**. En esta comida el pan y el vino se convirtieron en el Cuerpo y la Sangre de Jesucristo.

¿Por qué la última cena es una comida especial?

En la Eucaristía recordamos y celebramos lo que Jesús hizo en la última cena.

En la última cena Jesús dijo a sus discípulos que recordaran lo que él había hecho. Jesús quería que ellos recordaran y celebraran esta comida especial una y otra vez. El dijo: "Hagan esto en memoria de mí". (Lucas 22:19)

Cuando celebramos la Eucaristía la Iglesia sigue haciendo lo que Jesús pidió. **Eucaristía** es el sacramento del Cuerpo y la Sangre de Jesucristo. En este sacramento, el pan y el vino se convierten en el Cuerpo y la Sangre de Cristo. Eso sucede por el poder del Espíritu Santo y las palabras y gestos del sacerdote.

La palabra *eucaristía* significa "dar gracias". Cuando celebramos el sacramento damos gracias a Dios Padre por sus muchos regalos. Alabamos a Jesús por todo lo que ha hecho. Pedimos al Espíritu Santo nos ayude a acercarnos más a Dios y a los demás.

¿Qué puedes hacer esta semana para mostrar tu agradecimiento a Dios por sus regalos? Escribe tu respuesta.

a hacer

The meal Jesus shared with his disciples on the night before he died is called the **Last Supper**. At this meal the bread and wine became the Body and Blood of Jesus Christ.

Why was the Last Supper a special meal?

In the Eucharist we remember and celebrate what Jesus did at the Last Supper.

At the Last Supper Jesus told the disciples to remember what he had just done. Jesus wanted them to remember and celebrate this special meal again and again. Jesus said, "Do this in memory of me." (Luke 22:19)

The Church continues to do as Jesus asked when we celebrate the Eucharist. The **Eucharist** is the sacrament of the Body and Blood of Jesus Christ. In this sacrament, the bread and wine become the Body and Blood of Christ. This is done by the power of the Holy Spirit and through the words and actions of the priest.

The word *eucharist* means "to give thanks." When we celebrate this sacrament, we thank God the Father for his many gifts. We praise Jesus for all he has done. We ask the Holy Spirit to help us grow closer to God and others.

What can you do this week to show that you are thankful for God's gifts? Write your answer.

_____

La misa es una comida y un sacrificio.

Otro nombre para la celebración de la Eucaristía es **misa.** La misa es una comida. Durante la misa recordamos lo que Jesús hizo en la última cena. El pan y el vino se convierten en el Cuerpo y la Sangre de Cristo. **Sagrada comunión** es recibir el Cuerpo y la Sangre de Cristo. La comunión hace que la vida de Dios en nosotros sea más fuerte.

La misa es un sacrificio. *Sacrificio* es ofrecer un regalo a Dios. La palabra *ofrenda* significa "dar" o "presentar". Jesús ofreció el sacrificio más grande de todos los tiempos. El murió para darnos nueva vida. En cada misa recordamos el sacrificio de Jesús.

Cuando participamos en la misa recordamos y celebramos:

- Que Jesús se ofreció a sí mismo en la cruz. El murió para salvarnos del pecado.

- Jesús resucitó para que pudiéramos vivir felices con Dios para siempre.

- Jesús nos da su propio Cuerpo y Sangre en la sagrada comunión.

RESPONDEMOS

¿Cómo las ilustraciones en esta página te pueden ayudar a recordar la misa?

Vocabulario

última cena la comida que Jesús compartió con sus discípulos la noche antes de morir

Eucaristía el sacramento del Cuerpo y la Sangre de Jesucristo

misa la celebración de la Eucaristía

sagrada comunión recibir el Cuerpo y la Sangre de Cristo

Como católicos...

Toda iglesia católica tiene un altar. En el altar se hace presente el sacrificio de Jesús. El altar es una mesa y nos recuerda la mesa de la última cena. De esta mesa recibimos a Jesús en la sagrada comunión.

Piensa en la iglesia donde tu comunidad parroquial se reúne para la misa. ¿Dónde está el altar? ¿Cómo es el altar?

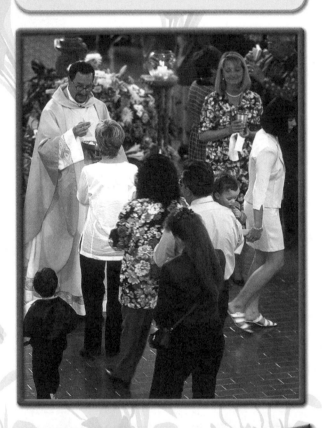

As Catholics...

Every Catholic church has an altar. At the altar the sacrifice of Jesus is made present. The altar is a table and it reminds us of the table of the Last Supper. From this table we receive Jesus in Holy Communion.

Think about the church where your parish community gathers for Mass. Where is the altar? What does the altar look like?

The Mass is a meal and a sacrifice.

Another name for the celebration of the Eucharist is the **Mass**. The Mass is a meal. During the Mass we remember what Jesus did at the Last Supper. The bread and wine become the Body and Blood of Christ. **Holy Communion** is receiving the Body and Blood of Christ. Holy Communion makes the life of God within us stronger.

The Mass is a sacrifice. A *sacrifice* is an offering of a gift to God. The word *offer* means "to give" or "to present." Jesus offered the greatest sacrifice of all time. He died to bring us new life. At every Mass we remember Jesus' sacrifice.

When we take part in the Mass, we remember and celebrate that:

- Jesus offered his life for us on the cross. He died to save us from sin.

- Jesus rose to new life so that we could live happily with God forever.

- Jesus gives us his own Body and Blood in Holy Communion.

WE RESPOND

What can the pictures on these pages help you to remember about the Mass?

Usa una palabra del cuadro para completar las oraciones.

| recordemos | dar gracias | misa | sacrificio |

1. La palabra *eucaristía* significa _____.

2. La _____ es la celebración de la Eucaristía.

3. Jesús quiere que _____ y celebremos lo que él hizo en la última cena.

4. La misa es una comida y un _____.

5. ¿Qué hizo Jesús en la última cena?

_____

Reflexiona y ora

¿Qué recordamos y celebramos en la misa?
Termina la oración:

Jesús, en la misa quiero

_____

Chapter 15

Use the words in the box to complete the sentences.

| remember | give thanks | Mass | sacrifice |

1. The word *eucharist* means to _____.

2. The celebration of the Eucharist is called the

   _____.

3. Jesus wants us to _____ and celebrate what he did at the Last Supper.

4. The Mass is a _____ and a meal.

5. What did Jesus do at the Last Supper?

   _____

Reflect & Pray

What do you remember and celebrate at Mass? Finish the prayer.

Jesus, at Mass I want to

_____

Respondemos y compartimos la fe

Compartiendo lo aprendido

Mira la ilustración. Usala para contar a tu familia lo que aprendiste en este capítulo.

Para que todos vean

"Hagan esto en memoria de mí".
Lucas 22:19

Recuerda

- Jesús nos da vida.
- Jesús celebró una comida especial con sus discípulos.
- En la Eucaristía recordamos y celebramos lo que Jesús hizo en la última cena.
- La misa es una comida y un sacrificio.

NUESTRA VIDA CATOLICA

Compartiendo

Los católicos siguen el ejemplo de Jesús cuando dan de comer a los que tienen hambre en la comunidad y el mundo. Muchas parroquias recogen comida y algunas personas ayudan a servirla en cocinas populares. Estos voluntarios ayudan a los que no pueden salir de sus casas, haciendo sus compras o preparándoles la comida. Tu también puedes ayudar rezando por ellos y no desperdiciando.

Visita Sadlier en
www.CREEMOSweb.com

 Conexión con el Catecismo
Para referencia vea los párrafos 1406, 1339, 1341 y 1382.

We Respond and Share the Faith

Sharing What I Learned

Look at the picture. Use it to tell your family what you learned in this chapter.

Remember

- Jesus brings us life.
- Jesus celebrated a special meal with his disciples.
- In the Eucharist we remember and celebrate what Jesus did at the Last Supper.
- The Mass is a meal and a sacrifice.

For All to See

"Do this in memory of me."
Luke 22:19

OUR CATHOLIC LIFE

Sharing with the Hungry

Catholics follow Jesus' example when they help feed the hungry in their communities and the world. Many parishes sponsor food collections and some people help to serve meals in soup kitchens. These volunteers help people who are not able to leave their homes: by doing grocery shopping or by preparing their meals. You can also help by praying for them and by not wasting food.

Connect to the Catechism
For adult background and reflection, see paragraphs 1406, 1339, 1341, and 1382.

Visit Sadlier's

www.CREEMOSweb.com

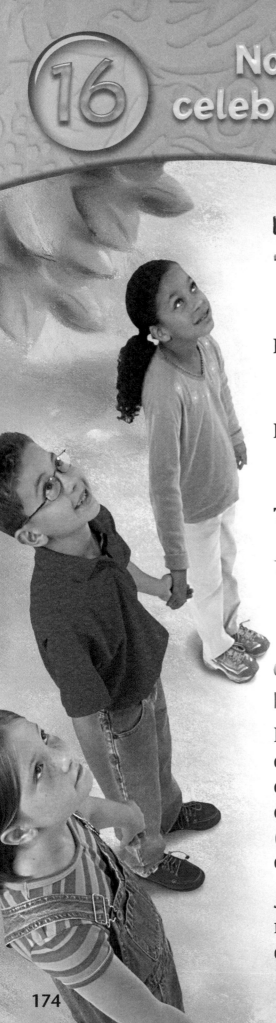

NOS CONGREGAMOS

✝ **Líder:** Junten las manos y formen un círculo. Vamos a escuchar la palabra de Dios.

Lector: Jesús dijo: "Porque donde dos o tres se reúnen en mi nombre, allí estoy yo en medio de ellos". (Mateo 18:20)

Líder: Jesús, nos reunimos en tu nombre. Juntos damos gracias a Dios, nuestro Padre, por sus dones.

Todos: Dios, Padre nuestro, te damos gracias.

☀ Piensa en algunos grupos de los que formas parte. ¿Cuándo se reúnen? ¿Qué hacen juntos?

CREEMOS

Estamos unidos a Jesucristo y a los demás.

En la última cena, Jesús dijo a sus discípulos que siempre estaría con ellos. También les dijo que siguieran cerca de él y de los demás. El les dijo: "Yo soy la vid, y ustedes son las ramas". (Juan 15:5) El les dijo que estaban unidos a él y a los demás como las ramas a la vid.

Jesús quería que sus discípulos trabajaran y rezaran juntos. El quería que compartieran el amor de Dios con todo el mundo.

WE GATHER

 Leader: Join hands to form a circle. Let us listen to God's word.

Reader: Jesus said, "For where two or three are gathered together in my name, there am I in the midst of them." (Matthew 18:20)

Leader: Jesus, we gather in your name. Together we thank God our Father for his many gifts.

All: God our Father, we thank you.

Think of groups to which you belong. When do you gather? What do you do together?

WE BELIEVE

We are united to Jesus Christ and to one another.

At the Last Supper, Jesus told his disciples that he would always be with them. He also told them to stay close to him and to one another. He said, "I am the vine, you are the branches." (John 15:5) He told them that they were joined to him and one another as branches are joined to a vine.

Jesus wanted his disciples to work and pray together. He wanted them to share God's love with the whole world.

Somos discípulos de Jesús. Jesús está con nosotros siempre. Cuando celebramos el sacramento de la Eucaristía, Jesús está con nosotros de manera especial. El se da a sí mismo a nosotros. Recibimos el pan y el vino que se han convertido en el Cuerpo y la Sangre de Cristo. La sagrada comunión nos une a Jesús y a los demás. Jesús es la vid y nosotros las ramas.

 ¿Cómo puedes mantenerte junto a Jesús?

La Iglesia celebra la misa.

El domingo es un día especial. También se le llama *Día del Señor* porque Jesucristo resucitó a una nueva vida un domingo. Cada domingo los católicos se reúnen en sus parroquias para celebrar la misa.

La misa es la forma más elevada de adorar a Dios. Es por eso que la Iglesia nos pide participar en la misa cada domingo. También podemos celebrar la misa del domingo el sábado en la tarde.

Durante la misa nos reunimos a:

- alabar y dar gracias a Dios
- escuchar la palabra de Dios
- recordar la vida, muerte y resurrección de Jesús
- celebrar el regalo de Jesús mismo en la Eucaristía.

Al final de la misa somos enviados a vivir como Jesús nos enseñó.

¿Cómo puedes vivir el domingo como día del Señor?

We are Jesus' disciples, too. Jesus is with us always. When we celebrate the sacrament of the Eucharist, Jesus is with us in a special way. He gives himself to us. We receive the bread and wine that have become the Body and Blood of Christ. Holy Communion unites us to Jesus and to one another. Jesus is the vine and we are the branches.

How can you stay close to Jesus?

The Church celebrates the Mass.

Sunday is a special day. It is also called the *Lord's Day* because Jesus Christ rose to new life on this day. Every Sunday Catholics gather in their parishes for the celebration of the Mass.

The Mass is the greatest way to worship God. This is why the Church tells us to take part in the Mass every Sunday of the year. We can also celebrate the Sunday Mass on Saturday evening.

During Mass we gather to:

• praise and thank God

• listen to God's word

• remember Jesus' life, death, and Resurrection

• celebrate Jesus' gift of himself in the Eucharist.

At the end of Mass we are sent out to live as Jesus taught us.

How can you live Sunday as the Lord's Day?

La parroquia se reúne para celebrar la misa.

La comunidad de personas que se reúne para celebrar la misa se llama **asamblea**. Somos parte de la asamblea. La asamblea da gracias y alaba a Dios durante la misa. Un sacerdote dirige la asamblea en esta celebración.

Algunas veces un diácono ayuda en la celebración de la misa. El lee el evangelio y reza algunas oraciones especiales. También ayuda al sacerdote en el altar.

El sacerdote ofrece nuestras oraciones a Dios. El hace lo que Jesús hizo en la última cena.

Los acólitos hacen muchas cosas para ayudar al sacerdote y al diácono. Los lectores leen las primeras dos lecturas de la Biblia. Los ministros de la Eucaristía ayudan a distribuir la comunión. Después de la misa, llevan la comunión a los que no pueden ir a misa.

 ¿Qué puedes hacer para participar en la misa ahora? ¿Qué puedes hacer para participar en la misa cuando seas mayor?

Como católicos...

Una de las leyes de la Iglesia es participar en la misa todos los domingos y otros días especiales. Esos días son llamados *días de precepto*.

En muchos lugares, la misa se celebra todos los días de la semana. Estamos invitados a participar en la misa todos los días. ¿Cómo participar en la misa nos ayuda a vivir como Jesús nos enseñó?

The parish gathers for the celebration of Mass.

The community of people who join together for the celebration of the Mass is called the **assembly**. We are part of the assembly. The assembly gives thanks and praise to God throughout the Mass. A priest leads the assembly in this celebration.

Sometimes a deacon takes part in the celebration of the Mass. The deacon reads the gospel and prays some special prayers. He also helps the priest at the altar.

The priest offers our prayers to God. He does what Jesus did at the Last Supper.

Altar servers do many things to help the priest and deacon. Readers read the first two Bible readings. Special ministers of the Eucharist help give out Holy Communion. After Mass, they may bring Holy Communion to those who are not able to be at Mass.

What can you do to participate at Mass now? What can you do to participate at Mass as you get older?

Cuando la misa empieza alabamos a Dios y le pedimos perdón.

Cuando nos reunimos para la misa, mostramos nuestro amor y agradecimiento a Dios. Empezamos la misa unidos como miembros de la Iglesia. Esto nos prepara para escuchar la palabra de Dios y para celebrar la Eucaristía. He aquí las formas en que participamos en el inicio de la misa.

Lee conmigo

- Nos saludamos.

- Nos ponemos de pie y cantamos para alabar a Dios como comunidad. El sacerdote, el diácono y los demás que ayudan en la misa caminan hacia el altar.

- Hacemos la señal de la cruz.

- El sacerdote dice: "El Señor esté con ustedes". Y respondemos: "Y con tu espíritu".

- Pedimos perdón a Dios y a la comunidad.

- Pedimos a Dios sea misericordioso. Rezamos con el sacerdote: "Señor, ten piedad. Cristo, ten piedad. Señor, ten piedad".

- Alabamos a Dios rezando: "Gloria a Dios en el cielo y en la tierra paz a los hombres".

- El sacerdote dice una oración de entrada. Respondemos: "Amén".

RESPONDEMOS

¿Cuáles son algunas formas en que participarás en el inicio de la misa? Subraya las palabras que rezamos.

♫ Cantaré alabanzas al Señor

Cantaré alabanzas al Señor,
cantaré, cantaré.
Toda la vida yo cantaré,
cantaré alabanzas al Señor.

Vocabulario

asamblea la comunidad de personas que se reúne para celebrar la misa

When Mass begins, we praise God and ask for his forgiveness.

When we join together at Mass, we show God our love and thanks. The beginning of the Mass unites us as members of the Church. It prepares us to hear God's word and to celebrate the Eucharist. Here are the ways we take part as Mass begins.

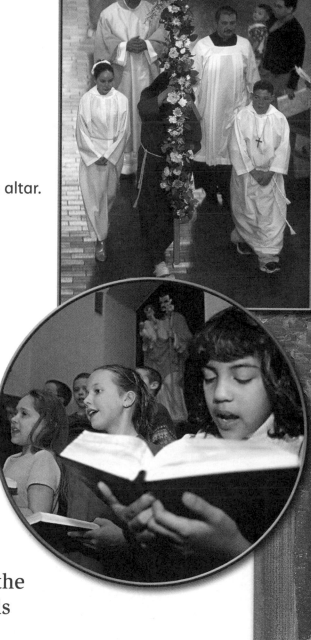

Read Along

- We greet one another.

- We stand and sing to praise God as a community. The priest, deacon, and others helping at Mass walk to the altar.

- We pray the Sign of the Cross.

- The priest prays, "The Lord be with you." We respond, "And also with you."

- We ask God and one another for forgiveness.

- We ask for God's mercy. We pray with the priest:
  "Lord, have mercy.
  Christ, have mercy.
  Lord, have mercy."

- We praise God by praying:
  "Glory to God in the highest,
    and peace to his people on earth."

- The priest says an opening prayer. We respond, "Amen."

WE RESPOND

What are some ways you take part in the beginning of the Mass? Underline the words we pray.

🎵 God Is Here!

God is here! Come, let us celebrate!
God is here! Let us rejoice!
God is here! Come, let us celebrate!
God is here! Let us rejoice!

assembly the community of people who join together for the celebration of the Mass

Capítulo 16

Colorea el círculo al lado de las palabras que completen la oración.

1. Como _____ estamos unidos a Jesucristo y a los demás.

   ○ miembros de la Iglesia   ○ miembros de la escuela

2. El domingo es el día del Señor porque _____.

   ○ Jesús resucitó a una nueva vida ese día   ○ es el mejor día de la semana

3. El _____ dirige la asamblea en la misa.

   ○ sacerdote   ○ diácono

4. Al inicio de la misa _____.

   ○ recibimos la sagrada comunión   ○ pedimos perdón a Dios

5. Jesús es la vid y nosotros las ramas. ¿Qué quiere decir eso para ti?

   _____

Reflexiona y ora

Jesús prometió estar siempre con nosotros.

Jesús, _____

Review

Chapter 16

Fill in the circle beside the correct answer.

1. As _____ we are joined to Jesus Christ and to one another.

   ○ members of the Church   ○ members of the school

2. Sunday is the Lord's Day because _____.

   ○ Jesus rose to new   ○ it is the best day
      life on this day   of the week

3. The _____ leads the assembly in Mass.

   ○ priest   ○ deacon

4. At the beginning of Mass, we _____.

   ○ receive Holy   ○ ask for God's
      Communion   forgiveness

5. Jesus is the vine and we are the branches.
   What does this mean to you?

   _____

Reflect & Pray

Jesus promised that he would be with us always.

Jesus, _____

183

Respondemos y compartimos la fe

Compartiendo lo aprendido

Mira la ilustración. Usala para contar a tu familia lo que aprendiste en este capítulo.

Para que todos vean

"Yo soy la vid y ustedes son las ramas".
Juan 15:5

Recuerda

- Estamos unidos a Jesucristo y a los demás.
- La Iglesia celebra la misa.
- La parroquia se reúne para celebrar la misa.
- Cuando la misa empieza alabamos a Dios y le pedimos perdón.

NUESTRA VIDA CATOLICA

Bienvenidos a la celebración

En muchas parroquias hay personas que dan la bienvenida a los que asisten a la misa. Estas personas nos saludan al entrar a la iglesia. Nos hacen sentir bienvenidos y a saber que pertenecemos a la Iglesia. Debemos saludarnos unos a otros. Es una buena manera de prepararnos para la celebración de la Eucaristía.

Conexión con el Catecismo
Para referencia vea los párrafos 1348, 1368, 1389 y 2643.

We Respond and Share the Faith

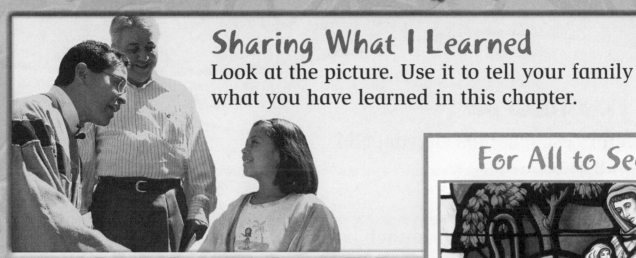

Sharing What I Learned
Look at the picture. Use it to tell your family what you have learned in this chapter.

For All to See

"I am the vine, you are the branches."
John 15:5

Remember
- We are united to Jesus Christ and to one another.
- The Church celebrates the Mass.
- The parish gathers for the celebration of Mass.
- When Mass begins, we praise God and ask for his forgiveness.

OUR CATHOLIC LIFE

Welcome to the Celebration

In many parishes there are people who welcome us to the celebration of Mass. These people greet us as we enter the church. They help us to feel welcome and to know that we belong to the Church. We should greet one another, too. Greeting one another is a good way to prepare for the celebration of the Eucharist.

Connect to the Catechism
For adult background and reflection, see paragraphs 1348, 1368, 1389, and 2643.

Visit Sadlier's
www.CREEMOSweb.com

NOS CONGREGAMOS

✝ **Lector:** Escuchemos el evangelio según San Lucas.

 Lucas 8:1

"Jesús anduvo por muchos pueblos y aldeas, proclamando y anunciando el reino de Dios".

Palabra del Señor.

Todos: Gloria a ti, Señor Jesús.

 ¿Por qué escuchar es importante?

CREEMOS

Escuchamos la palabra de Dios durante la Liturgia de la Palabra.

La misa tiene dos partes principales. La primera es la **Liturgia de la Palabra.** En ella escuchamos la palabra de Dios y lo adoramos.

En la misa de los domingos generalmente escuchamos tres lecturas bíblicas. Escuchamos sobre el amor de Dios por nosotros. Aprendemos formas de mostrar amor a Dios y a otros.

JESUS COMPARTE LA BUENA NUEVA CON NOSOTROS

We Celebrate the Liturgy of the Word

JESUS SHARES GOOD NEWS WITH US

WE GATHER

✝ **Reader:** Let us listen to the gospel according to Luke.

 Luke 8:1

Jesus "journeyed from one town and village to another, preaching and proclaiming the good news of the kingdom of God."

The Gospel of the Lord.

All: Praise to you, Lord Jesus Christ.

Why is listening important?

WE BELIEVE

We listen to God's word during the Liturgy of the Word.

The Mass has two main parts. The first main part of the Mass is the **Liturgy of the Word**. During the Liturgy of the Word, we worship God by listening to his word from the Bible.

At Sunday Mass we usually hear three readings from the Bible. When we listen we hear about God's love for us. We learn ways to show our love for God and others.

187

La palabra de Dios siempre ha sido parte importante del culto de la Iglesia. Escuchamos la palabra de Dios durante la celebración de todos los sacramentos.

Organiza las letras y completa la oración.

s a r h c u e c

Al e _ _ _ _ _ _ _ _
la palabra de Dios, aprendemos a ser mejores seguidores de Jesús.

Escuchamos y respondemos a lecturas del Antiguo y del Nuevo Testamento.

La Liturgia de la Palabra empieza con la primera lectura. La primera lectura es generalmente tomada del Antiguo Testamento. Escuchamos sobre todas las cosas que Dios hizo por su pueblo antes de nacer Jesús. Recordamos que Dios siempre ha estado con su pueblo. Creemos que Dios está con nosotros.

Después de la primera lectura dejamos que la palabra de Dios entre en nuestros corazones. Después cantamos un salmo. **Salmo** es un canto de alabanza de la Biblia.

Luego escuchamos la segunda lectura tomada del Nuevo Testamento. Esta es sobre las enseñanzas de los apóstoles y el inicio de la Iglesia. Aprendemos como seguir a Jesús. Recordamos y damos gracias porque somos la Iglesia.

Al final de las dos primeras lecturas, el lector dice: "Palabra de Dios". Respondemos: "Te alabamos, Señor".

¿Qué puedes hacer para prepararte para las lecturas de la misa?

God's word has always been an important part of the Church's worship. We hear God's word during the celebration of all the sacraments.

👤 Unscramble the letters to complete the sentence.

e g i l n s t i n

By l _ _ _ _ _ _ _ _ to God's word, we learn to be better followers of Jesus.

We listen and respond to readings from the Old Testament and the New Testament.

The Liturgy of the Word begins with the first reading. The first reading is usually from the Old Testament. We hear about all the things God did for his people before Jesus was born. We remember that God has always been with his people. We believe that God is with us.

After the first reading we let God's word enter our hearts. Then we sing a psalm. A **psalm** is a song of praise from the Bible.

Next we listen to the second reading from the New Testament. It is about the teachings of the apostles and the beginning of the Church. We learn how to follow Jesus. We remember and give thanks that we are the Church.

At the end of the two readings, the reader says, "The word of the Lord." We respond, "Thanks be to God."

👤 What can you do to prepare for the readings at Mass?

Escuchamos la proclamación del evangelio.

En el Nuevo Testamento hay cuatro libros llamados evangelios: Mateo, Marcos, Lucas y Juan. En estos evangelios aprendemos la buena nueva sobre la vida y enseñanzas de Jesús. La tercera lectura en la Liturgia de la Palabra es tomada de uno de los evangelios.

El diácono o el sacerdote proclama el evangelio. Proclamar el evangelio quiere decir anunciar la buena nueva de Jesucristo con alabanza y gloria.

Esto es lo que hacemos:

- Nos ponemos de pie. Cantamos el aleluya u otras palabras de alabanza. Esto muestra que estamos listos para escuchar la buena nueva de Jesucristo.

- Escuchamos la proclamación del evangelio por un sacerdote o un diácono.

- Después el diácono o el sacerdote dice: "Palabra del Señor". Respondemos: "Gloria a ti, Señor Jesús".

Después del evangelio, el sacerdote o el diácono habla sobre las lecturas de la misa. Esto es la **homilía** y nos ayuda a entender las lecturas. Con la homilía aprendemos lo que significa creer y lo que podemos hacer como seguidores de Jesús.

¿Cómo mostramos que estamos listos para escuchar la buena nueva de Jesucristo?

We listen as the gospel is proclaimed.

There are four books in the New Testament called gospels: Matthew, Mark, Luke, and John. In these gospels we learn the good news about Jesus' life and teaching. The third reading of the Liturgy of the Word is from one of the gospels.

The deacon or priest proclaims the gospel. To proclaim the gospel means to announce the good news of Jesus Christ with praise and glory.

This is what we do:

- We stand. We sing the alleluia or other words of praise. This shows we are ready to listen to the good news of Jesus Christ.

- We listen as the deacon or priest proclaims the gospel.

- Then the deacon or priest says, "The Gospel of the Lord." We respond, "Praise to you, Lord Jesus Christ."

After the gospel, the priest or deacon talks about the readings at Mass. In this talk he helps us to understand the readings. This talk is called the **homily**. Through the homily we learn what it means to believe and what we can do to be followers of Jesus.

How do we show we are ready to listen to the good news of Jesus Christ?

Juntos rezamos el credo y la oración de los fieles.

Después de la homilía nos ponemos de pie para rezar el credo. En esta oración mostramos nuestra fe. Decimos lo que creemos como cristianos.

La palabra *credo* significa "fe". Decimos que creemos en Dios Padre, Jesucristo y el Espíritu Santo. También que creemos en la Iglesia y en el perdón de los pecados.

Después del credo rezamos por las necesidades del pueblo de Dios. Esta oración es llamada oración de los fieles.

Liturgia de la Palabra la primera parte de la misa en la que escuchamos la palabra de Dios

salmo canto de alabanza de la Biblia

homilía palabras que el sacerdote o el diácono dice sobre las lecturas de la misa para ayudarnos a entenderlas y vivirlas

RESPONDEMOS

Lee lo que hace una persona que escucha. Pon una marca al lado de cada cosa que puedes hacer durante la Liturgia de la Palabra el próximo domingo.

✓ Mirar la persona que está haciendo las lecturas.

✓ Atender a lo que está diciendo el lector.

_____ Imaginar lo que el lector está diciendo.

¿Qué más haces para participar en la Liturgia de la Palabra?

Key Words

Liturgy of the Word the first main part of the Mass when we listen to God's word

psalm a song of praise from the Bible

homily the talk given by the priest or deacon at Mass that helps us understand the readings and how we are to live

Together we pray the creed and the prayer of the faithful.

After the homily we stand to pray the creed. In this prayer we show our faith. We say what we believe as Christians.

The word *creed* comes from a word that means "believe." We say that we believe in God the Father, Jesus Christ, and the Holy Spirit. We also say that we believe in the Church and in God's forgiveness of our sins.

After the creed, we pray for the needs of all God's people. This prayer is called the prayer of the faithful.

WE RESPOND

Read what good listeners do. Put a check beside each thing you can do next Sunday during the Liturgy of the Word.

_____ Look at the person who is reading or speaking.

_____ Pay close attention to what the reader or speaker is saying.

_____ Picture in your mind what the reader or speaker is talking about.

What else will you do to take part in the Liturgy of the Word?

Repaso

Capítulo 17

Encuentra en la columna B lo que habla sobre el contenido en la columna A. Traza una línea para hacerla corresponder. Una está resuelta.

A

B

"Te alabamos, Señor". ● ● oración en la que expresamos lo que creemos como cristianos

1. primera lectura ● ● oración en la que rezamos por las necesidades de los demás

2. el credo ● ● una de las historias del Antiguo Testamento

3. oración de los fieles ● ● respuesta a la lectura del evangelio

4. "Gloria a ti, Señor Jesús". ● ● respuesta a la primera y segunda lecturas

5. ¿Por qué es importante que escuchemos el evangelio?

_____

Reflexiona y ora

¿Qué hacemos y decimos cuando rezamos el credo?

_____

Find the words in column B that tell about the prayers or reading in column A. Draw lines to match them. One is done for you.

A

"Thanks be to God."

1. the first reading

2. the creed

3. prayer of the faithful

4. "Praise to you, Lord Jesus Christ."

B

a prayer in which we say what we believe as Christians

a prayer in which we pray for the needs of others

one of the stories from the Old Testament

our response to the gospel reading

our response to the first and second readings

5. Why is it very important for us to listen to the gospel?

_____

Reflect & Pray

What do we do and say when we pray the creed?

_____

Respondemos y compartimos la fe

Compartiendo lo aprendido

Mira la ilustración. Usala para contar a tu familia lo que aprendiste en este capítulo.

Para que todos vean

"Con toda mi alma espero al Señor, y confío en su palabra".

Salmo 130:5

Recuerda

- Escuchamos la palabra de Dios durante la Liturgia de la Palabra.
- Escuchamos y respondemos a lecturas del Antiguo y del Nuevo Testamento.
- Escuchamos la proclamación del evangelio.
- Juntos rezamos el credo y la oración de los fieles.

NUESTRA VIDA CATÓLICA

Oración por los líderes

Los líderes mundiales tienen grandes responsabilidades. Podemos rezar por ellos durante la oración de los fieles en la misa o en cualquier otro momento. Rezamos para que los líderes de nuestra nación y del mundo gobiernen con justicia y compartan la riqueza de sus países. Pedimos al Espíritu Santo los ayude a resolver los problemas en forma pacífica.

Visita Sadlier en

www.CREEMOSweb.com

Conexión con el Catecismo
Para referencia vea los párrafos 1349 y 197.

We Respond and Share the Faith

Sharing What I Learned

Look at the picture. Use it to tell your family what you learned in this chapter.

Remember

- We listen to God's word during the Liturgy of the Word.
- We listen and respond to readings from the Old Testament and the New Testament.
- We listen as the gospel is proclaimed.
- Together we pray the creed and the prayer of the faithful.

For All to See

"I wait with longing for the LORD, my soul waits for his word."
Psalm 130:5

OUR CATHOLIC LIFE

Praying for Leaders

Leaders of the world have great responsibilities. We can pray for them during the prayer of the faithful at Mass or at other times. We pray that leaders of our nation and the world will rule with fairness, and share their countries' riches. We ask the Holy Spirit to help the leaders work out problems in a peaceful way.

Connect to the Catechism
For adult background and reflection, see paragraphs 1349 and 197.

Visit Sadlier's
www.CREEMOSweb.com

NOS CONGREGAMOS

✝ **Líder:** Escriban sus iniciales en cada caja de regalo para mostrar que ofrecen a Dios todo lo que piensan, dicen y hacen.

Repitan cada oración.

Levantamos nuestras mentes y corazones en oración.
Dios, te ofrecemos este día.
Lo que pensemos, hagamos o digamos.
Unidos a lo hecho en la tierra.
Por tu Hijo Jesucristo.

 ¿Cuáles son algunas formas en que mostrarás agradecimiento a otros?

CREEMOS

Ofrecemos los regalos de pan y vino.

La **Liturgia de la Eucaristía** es la segunda parte de la misa. Aquí presentamos el pan y el vino. Se hace una oración muy especial. El pan y el vino se convierten en el Cuerpo y la Sangre de Cristo. Recibimos el Cuerpo y la Sangre de Cristo.

Empezamos la Liturgia de la Eucaristía preparando el altar. Es también el momento en que ofrecemos dinero y nuestros regalos a la Iglesia y a los pobres. Los miembros de la asamblea ofrecen sus regalos de pan y vino.

WE GATHER

✝ **Leader:** Write your initials in each gift box to show that you offer God all that you say, think, and do.

Echo each line of the prayer.

We lift our minds and hearts in prayer.
God, we offer to you today
All we think, and do, and say,
Uniting it with what was done
On earth by Jesus Christ, your Son.

 What are some different ways to show your thanks to others?

WE BELIEVE

We bring forward the gifts of bread and wine.

The **Liturgy of the Eucharist** is the second main part of the Mass. During the Liturgy of the Eucharist we present the gifts of bread and wine. A very special prayer is prayed. The bread and wine become the Body and Blood of Christ. We receive the Body and Blood of Christ.

We begin the Liturgy of the Eucharist by preparing the altar. This is also the time when we give money or other gifts for the Church and the poor. Then members of the assembly bring forward the gifts of bread and wine.

Recordamos que todo lo que tenemos es un regalo de Dios. Ofrecemos a Dios esos regalos y el regalo de nosotros mismos. El sacerdote prepara los regalos de pan y vino con oraciones especiales. Respondemos: "Bendito seas por siempre, Señor". Después pedimos al Señor que acepte nuestros regalos.

La oración eucarística es la oración de acción de gracias y alabanza más grande.

Después de la preparación de los regalos, el sacerdote reza en nuestro nombre. El hace la oración más importante de la misa. Esta es la **oración eucarística**. Esta es la oración de alabanza y acción de gracias más grande.

Durante esta oración rezamos por muchas cosas. Alabamos a Dios cantando: "Santo, santo, santo . . ." Recordamos lo que Jesús hizo y dijo en la última cena.
El sacerdote toma el pan y dice: "Tomad y comed todos de él, esto es mi cuerpo que será entregado por ustedes".

Después el sacerdote toma la copa de vino y dice: "Tomad y bebed todos de ella, esto es el cáliz de mi sangre. . ."

Lee conmigo

Esta parte de la oración eucarística es llamada consagración. Por el poder del Espíritu Santo y por las palabras y acciones del sacerdote, el pan y el vino se convierten en el Cuerpo y la Sangre de Cristo. Lo que parece pan y vino ya no es pan y vino. El pan y el vino son ahora el Cuerpo y la Sangre de Cristo. Como católicos creemos que Jesucristo está realmente presente en la Eucaristía.

El sacerdote nos invita a proclamar nuestra fe. Rezamos:

"Anunciamos tu muerte,
proclamamos tu resurrección.
¡Ven, Señor Jesús!"

Rezamos para que el Espíritu Santo una a todos los que creen en Jesús. Terminamos la oración eucarística respondiendo "Amén". Decimos "sí" a la oración que el sacerdote ha rezado en nuestro nombre.

Habla sobre lo que pasa durante la oración eucarística.

We remember that everything we have is a gift from God. We will offer these gifts and ourselves back to God. The priest prepares these gifts of bread and wine with special prayers. We can respond: "Blessed be God for ever."

Then we pray that the Lord will accept these gifts.

The eucharistic prayer is the great prayer of thanks and praise.

After the preparation of the gifts, the priest prays in our name. He prays the most important prayer in the Mass. This prayer is called the **eucharistic prayer**. It is the great prayer of praise and thanksgiving.

During this prayer we pray for many things. We praise God by singing "Holy, holy, holy. . . ." We remember what Jesus said and did at the Last Supper. The priest takes the bread. He says: "Take this, all of you, and eat it: this is my body which will be given up for you."

Then the priest takes the cup of wine. He says: "Take this, all of you, and drink from it: this is the cup of my blood. . . ."

Read Along

This part of the eucharistic prayer is called the consecration. By the power of the Holy Spirit and through the words and actions of the priest, the bread and wine become the Body and Blood of Christ. What looks like bread and wine is not bread and wine anymore. The bread and wine are now the Body and Blood of Christ. As Catholics we believe that Jesus Christ is really present in the Eucharist.

The priest invites us to proclaim our faith. We pray:
"Christ has died,
Christ is risen,
Christ will come again."

We pray that the Holy Spirit will unite all those who believe in Jesus. We end the eucharistic prayer by responding "Amen." We are saying "yes" to the prayer the priest has prayed in our name.

 Talk about what happens during the eucharistic prayer.

Rezamos el Padrenuestro y pedimos a Dios perdón y paz.

Después de la oración eucarística nos preparamos para recibir el Cuerpo y la Sangre de Cristo. Nos unimos a toda la Iglesia. Rezamos el Padrenuestro.

Después del Padrenuestro el sacerdote dice: "La paz os dejo, mi paz os doy". Rezamos para que la paz de Cristo esté siempre con nosotros. Nos damos el saludo de paz. Esta acción muestra que estamos unidos a Cristo y a los demás.

Después pedimos a Jesús perdón y paz:

"Cordero de Dios, que quitas el pecado del mundo,
   ten piedad de nosotros.

Cordero de Dios, que quitas el pecado del mundo,
   ten piedad de nosotros.

Cordero de Dios, que quitas el pecado del mundo,
   danos la paz".

Mientras rezamos el "Cordero de Dios", el sacerdote parte la Hostia que ha sido convertida en el Cuerpo de Cristo.

🤸 ¿Por qué nos damos el saludo de la paz en la misa?

Como católicos...

La Iglesia usa un plato y una copa especiales en la misa. El plato se llama *patena*. La patena sostiene el pan que se convertirá en el Cuerpo de Cristo. La copa se llama *cáliz*. El cáliz contiene el vino que será la Sangre de Cristo. La próxima vez que estés en misa fíjate en la patena y en el cáliz.

We pray the Our Father and ask God for forgiveness and peace.

After the eucharistic prayer, we prepare to receive the Body and Blood of Christ. We join ourselves with the whole Church. We pray the Our Father.

After the Our Father, the priest prays, "Peace I leave with you; my peace I give to you." (John 14:27) We pray that Christ's peace may be with us always. We offer a sign of peace to one another. This action shows that we are united to Christ and to one another.

Then we ask Jesus for forgiveness and peace:

"Lamb of God, you take away
    the sins of the world:
  have mercy on us.

Lamb of God, you take away
    the sins of the world:
  have mercy on us.

Lamb of God, you take away
    the sins of the world:
  grant us peace."

As we pray the "Lamb of God," the priest breaks the Bread or Host that has become the Body of Christ.

🏃 Why do we share a sign of peace at Mass?

Recibimos a Jesucristo en la sagrada comunión.

Después del "Cordero de Dios" el sacerdote sostiene la Hostia que es ahora el Cuerpo de Cristo y dice: "Este es el Cordero de Dios que quita el pecado del mundo. Dichosos los invitados a la cena del Señor".

Contestamos:
"Señor, no soy digno de que entres en mi casa, pero una palabra tuya bastará para sanarme".

Después el pueblo va a recibir la comunión. El sacerdote o el ministro de la eucaristía muestra la Hostia a la persona y dice: "El Cuerpo de Cristo". La persona responde: "Amén" y recibe la comunión.

Después el sacerdote o el ministro de la eucaristía ofrece la copa a la persona y dice: "La Sangre de Cristo". La persona contesta: "Amén" y bebe de la copa.

Todos cantamos un himno de acción de gracias. Después pasamos un momento en oración. Damos gracias a Jesús por el regalo de sí mismo en la comunión.

RESPONDEMOS

Escribe lo que puedes hacer para dar gracias a Jesús por el regalo de sí mismo en la Eucaristía.

Vocabulario

Liturgia de la Eucaristía la parte de la misa en que las ofrendas de pan y vino se convierten en el Cuerpo y la Sangre de Cristo

oración eucarística la oración más importante de la misa

Key Words

Liturgy of the Eucharist the second main part of the Mass in which the gifts of bread and wine become the Body and Blood of Christ

eucharistic prayer the most important prayer of the Mass

We receive Jesus Christ in Holy Communion.

After the "Lamb of God," the priest holds up the Host that has become the Body of Christ. He says,

"This is the Lamb of God who takes away the sins of the world. Happy are those who are called to his supper."

We respond,
"Lord, I am not worthy to receive you, but only say the word and I shall be
   healed."

Then people go forward to receive Communion. The priest or special minister of the Eucharist shows the Host to each person and says, "The body of Christ." Each person responds, "Amen" and receives Holy Communion.

Then the priest or special minister of the Eucharist may hand the cup to each person saying, "The blood of Christ." Each person responds, "Amen" and drinks from the cup.

We all sing a song of thanksgiving. Then there is quiet time. We thank Jesus for the gift of himself in Holy Communion.

WE RESPOND

Write what you can do to thank Jesus for the gift of himself in the Eucharist.

follow Jesus and God and go to church

Capítulo 18

Colorea el círculo al lado de la respuesta correcta.

1. La segunda parte de la misa es _____.

   ○ el Padrenuestro   ◉ la Liturgia de la Eucaristía

2. El pan y el vino se convierten en el Cuerpo y la Sangre de Cristo durante _____.

   ○ el Padrenuestro   ◉ la oración eucarística

3. Empezamos la Liturgia de la Eucaristía _____.

   ◉ preparando el altar   ○ cantando Amén

4. Después de rezar el _____ somos invitados a compartir la Eucaristía.

   ○ Cordero de Dios   ◉ Santo, santo, santo

5. ¿Por qué la oración eucarística es la oración más importante de la misa?

   _____

Reflexiona y ora

Escribe una oración a Jesús sobre recibirlo en la comunión.

_____

Chapter 18

Fill in the circle beside the correct answer.

1. The second main part of Mass is the _____.

   ○ Our Father   ○ Liturgy of the Eucharist

2. Bread and wine become the Body and Blood of Christ during the _____.

   ○ Our Father   ○ eucharistic prayer

3. We begin the Liturgy of the Eucharist by _____.

   ○ preparing the altar   ○ singing Amen

4. After we pray the _____, we are invited to share in the Eucharist.

   ○ Lamb of God   ○ Holy, holy, holy

5. Why is the eucharistic prayer the most important prayer of the Mass?

   _____

Reflect & Pray

Write a prayer to Jesus about receiving him in Holy Communion.

_____

Respondemos y compartimos la fe

Compartiendo lo aprendido

Mira la ilustración. Usala para contar a tu familia lo que aprendiste en este capítulo.

Para que todos vean

"Esto es mi cuerpo, entregado a muerte en favor de ustedes".

Lucas 22:19

Recuerda

- Ofrecemos los regalos de pan y vino.
- La oración eucarística es la oración de acción de gracias y alabanza más grande.
- Rezamos el Padrenuestro y pedimos a Dios perdón y paz.
- Recibimos a Jesucristo en la sagrada comunión.

NUESTRA VIDA CATOLICA

La Primera Comunión

El tiempo de preparación para recibir la primera comunión es muy especial. Las personas aprenden sobre Jesucristo y la celebración de la misa. Rezan a Dios y viven como seguidores de Jesús. Es importante rezar por los que se están preparando para recibir la primera comunión. En algunas parroquias las personas se ofrecen de voluntarias para rezar por ellos.

Visita Sadlier en

www.CREEMOSweb.com

Conexión con el Catecismo
Para referencia vea los párrafos 1350, 1353, 1355 y 1386.

We Respond and Share the Faith

Sharing What I Learned

Look at the picture. Use it to tell your family what you learned in this chapter.

For All to See

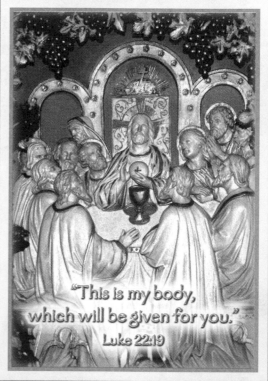

"This is my body, which will be given for you."
Luke 22:19

Remember

- We bring forward the gifts of bread and wine.
- The eucharistic prayer is the great prayer of thanks and praise.
- We pray the Our Father and ask God for forgiveness and peace.
- We receive Jesus Christ in Holy Communion.

OUR CATHOLIC LIFE

First Holy Communion

The time when people are preparing to receive their first Holy Communion is very special. They learn about Jesus Christ and about the celebration of the Mass. They pray to God and live as followers of Jesus. It is important to pray for those preparing to receive first Holy Communion. In some parishes people volunteer to be prayer partners with them.

Connect to the Catechism
For adult background and reflection, see paragraphs 1350, 1353, 1355, and 1386.

Visit Sadlier's
www.CREEMOSweb.com

19 Vamos en paz a compartir el amor de Dios

NOS CONGREGAMOS

✝ **Líder:** Vamos a escuchar lo que Jesús dijo a sus discípulos en la última cena.

Lector: Jesús dijo: "Les doy este mandamiento nuevo: Que se amen los unos a los otros. Así como yo los amo a ustedes, así deben amarse ustedes los unos a los otros". (Juan 13:34–35)

 ¿Has sido enviado a hacer algo alguna vez? ¿Quién te envió? ¿Qué hiciste y qué no hiciste?

CREEMOS

Somos enviados a compartir el amor de Dios con otros.

Los primeros discípulos fueron enviados a continuar la misión de Jesús. También nosotros somos discípulos. Jesús nos pide continuar su misión. Al final de cada misa el sacerdote nos envía a compartir el amor de Dios con otros.

Antes de enviarnos, el sacerdote nos bendice. El hace la señal de la cruz y dice:

"La bendición de Dios todopoderoso, Padre, Hijo y ✝ Espíritu Santo".

Respondemos: "Amén".

We Go in Peace to Share God's Love

WE GATHER

✝ **Leader:** Let us listen to what Jesus told his disciples at the Last Supper.

Reader: Jesus said, "As I have loved you, so you also should love one another. This is how all will know that you are my disciples, if you have love for one another." (John 13:34–35)

 Have you ever been sent to do something? Who sent you? What did you do?

WE BELIEVE

We are sent to share God's love with others.

The first disciples were sent out to continue Jesus' work. We are also disciples. Jesus asks us to continue his work, too. At the end of every Mass, the priest sends us out to share God's love with others.

Before we are sent out, the priest blesses us. We make the sign of the cross as he says,

"May almighty God bless you,
the Father, and the Son,
✝ and the Holy Spirit."

We respond, "Amen."

Después el diácono o el sacerdote dice: "Podéis ir en paz".

Respondemos: "Demos gracias a Dios".

🏃 Escribe un mensaje de aliento para un enfermo.

Jesús está presente en el Santísimo Sacramento.

Después de la comunión quedan Hostias que no fueron distribuidas. Estas Hostias son llamadas **Santísimo Sacramento**. Santísimo Sacramento es otro nombre para la Eucaristía.

El Santísimo Sacramento se coloca en un lugar especial en la iglesia llamado **tabernáculo**. Una luz o vela especial cerca del tabernáculo nos recuerda que Jesús está realmente presente en el Santísimo Sacramento.

Después de la misa y en otras ocasiones, sacerdotes, diáconos y ministros eucarísticos toman el Santísimo Sacramento del tabernáculo para llevar la comunión a personas de la parroquia que no pueden ir a misa.

Como católicos...

El Santísimo Sacramento se mantiene en el tabernáculo en la iglesia. Jesús está realmente presente en el Santísimo Sacramento. Podemos visitar a Jesús en el Santísimo Sacramento. Durante nuestras visitas, podemos hablar con Jesús y decirle que le amamos. Podemos estar con Jesús, nuestro amigo y darle las gracias por todo su amor y ayuda. Podemos pedirle nos ayude a amar y ayudar a los demás.

Busca el lugar donde se encuentra el tabernáculo en tu parroquia.

Then the deacon or priest says,
"Go in peace to love and serve the Lord."

We respond, "Thanks be to God."

 Write a get-well message for someone who is sick.

Jesus is present in the Blessed Sacrament.

After Holy Communion there may be Hosts that have not been received. These Hosts are called the Blessed Sacrament. The **Blessed Sacrament** is another name for the Eucharist.

The Blessed Sacrament is kept in the special place in the church called the **tabernacle**. A special light or candle near the tabernacle reminds us that Jesus is really present in the Blessed Sacrament.

After Mass and at other times, priests, deacons, and special ministers of the Eucharist take the Blessed Sacrament from the tabernacle. They bring the Blessed Sacrament as Holy Communion to those who are not able to join the parish community for Mass.

As Catholics...

The Blessed Sacrament is kept in the tabernacle in church. Jesus is really present in the Blessed Sacrament. We can visit Jesus in the Blessed Sacrament. During our visits, we can talk to Jesus and tell him that we love him. We can be with Jesus our friend and thank him for all of his love and care. We can ask him to help us love and care for others.

Find out where the tabernacle is in your parish church.

El Santísimo Sacramento fortalece a todo el que lo recibe.

🚶 Hablen sobre formas en que pueden compartir el amor de Dios con los enfermos.

Jesús está con la Iglesia mientras compartimos el amor de Dios.

Los primeros cristianos celebraban la Eucaristía con frecuencia. Recibir a Jesús en la Eucaristía ayudaba a su comunidad. Ellos estaban unidos a Jesús y unos con otros.

Los primeros cristianos aprendieron a rezar juntos. Ellos compartían lo que tenían con los necesitados. Trataban de ayudar a los que estaban tristes y solos. Cuando la gente veía la forma en que los primeros cristianos vivían, ellos querían ser miembros de la comunidad de Jesús, la Iglesia.

Recibir a Jesús en la comunión nos ayuda a amar a Dios y a los demás. Nos ayuda a ser seguidores de Jesús, a ser parte de nuestra parroquia. Juntos mostramos como es el amor de Dios.

🚶 Escribe una forma en que podemos seguir el ejemplo de los primeros cristianos.

_____

The Blessed Sacrament strengthens all those who receive it.

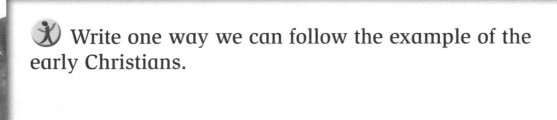 Talk about ways we can share God's love with those who are sick.

Jesus is with the Church as we share God's love.

The early Christians celebrated the Eucharist often. Receiving Jesus in the Eucharist helped their community. They were united with Jesus and one another.

The early Christians learned and prayed together. They shared what they had with those in need. They tried to help those who were sad or lonely. When people looked at the way the early Christians lived, they wanted to become a part of Jesus' community, the Church.

Receiving Jesus in Holy Communion helps us to love God and others. It helps us to be followers of Jesus. It helps us to be part of our parish. Together we show others what God's love is like.

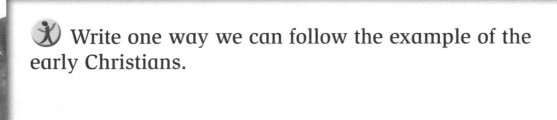 Write one way we can follow the example of the early Christians.

_____

Jesús está con nosotros mientras compartimos su paz con los demás.

Durante la misa pedimos a Jesús que nos dé paz. Al final de la misa el diácono o el sacerdote nos dice: "Podéis ir en paz". Jesús quiere que compartamos su paz con los demás.

Cada vez que tomamos decisiones pacíficas, estamos predicando el amor y la paz de Jesús al mundo.

RESPONDEMOS

 ¿Cómo puedes ser discípulo de Jesús y compartir su amor con los miembros de tu familia?

¿Con las personas en tu escuela?

¿Con las personas en tu vecindario?

> ♫ **Tu palabra me llena**
>
> Tu palabra me llena,
> me llena, Señor.
> Tu palabra me alimenta,
> me alimenta, Señor.
> Tu palabra alimenta mi espíritu.
> Tu palabra me llena de gloria.

Vocabulario

Santísimo Sacramento otro nombre para la Eucaristía

tabernáculo lugar especial en la iglesia donde se mantiene el Santísimo Sacramento

Jesus is with us as we share his peace with others.

During Mass we ask Jesus to give us peace. At the end of Mass, the deacon or priest tells us, "Go in peace." Jesus wants us to share his peace with others.

Every time we make a choice to be peaceful, we spread Jesus' love and peace throughout the world.

WE RESPOND

How can you be a disciple of Jesus and share his love with your family? with people in your school? with people in your neighborhood?

🎵 Take the Word of God with You

Take the peace of God with you as you go.
Take the seeds of God's peace and make them grow.

Go in peace to serve the world,
   in peace to serve the world.
Take the love of God, the love of God
   with you as you go.

Repaso

Capítulo 19

Contesta las siguientes preguntas.

1. ¿Qué pasa al final de la misa?

_____

2. ¿Qué es el Santísimo Sacramento?

_____

3. ¿Qué es el tabernáculo?

_____

4. Nombra una forma en que los primeros cristianos compartían el amor de Dios con otros.

_____

Completa esta oración.

5. Cuando recibimos la Sagrada Comunión,

_____

Reflexiona y ora

Jesús, gracias por el regalo de la Eucaristía.
Gracias por

_____

Chapter 19

Write sentences to answer these questions.

1. What happens at the end of Mass?

_____

2. What is the Blessed Sacrament?

_____

3. What is the tabernacle?

_____

4. Name one way the early Christians shared God's love with others.

_____

Complete this sentence.

5. When we receive Holy Communion,

_____

Reflect & Pray

Jesus, thank you for the gift of the Eucharist.
Thank you for

_____

Respondemos y compartimos la fe

Compartiendo lo aprendido

Mira la ilustración. Usala para contar a tu familia lo que aprendiste en este capítulo.

Para que todos vean

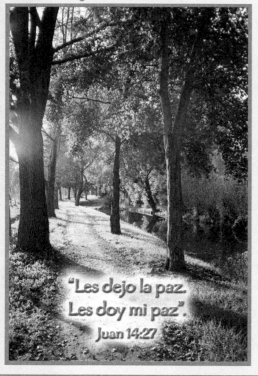

"Les dejo la paz.
Les doy mi paz".
Juan 14:27

Recuerda

• Somos enviados a compartir el amor de Dios con otros.

• Jesús está presente en el Santísimo Sacramento.

• Jesús está con la Iglesia mientras compartimos el amor de Dios.

• Jesús está con nosotros mientras compartimos su paz con los demás.

NUESTRA VIDA CATÓLICA

Sirviendo al Señor

Santa Francisca de Roma mostró formas de "ir en paz a servir al Señor". Ella vivió en Roma, Italia. Se casó y tuvo tres niños. Francisca dio comida a los pobres. Ella consoló a los tristes y desamparados. Cuidó a los enfermos y a los niños sin familia. Su fiesta es el 9 de marzo.

Visita Sadlier en

www.CREEMOSweb.com

Conexión con el Catecismo
Para referencia vea los párrafos 1332, 1397, 1416 y 1418.

We Respond and Share the Faith

Sharing What I Learned

Look at the picture. Use it to tell your family what you learned in this chapter.

For All to See

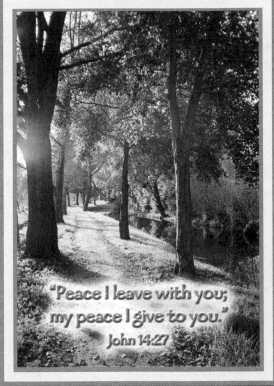

"Peace I leave with you; my peace I give to you."
John 14:27

Remember

- We are sent to share God's love with others.
- Jesus is present in the Blessed Sacrament.
- Jesus is with the Church as we share God's love.
- Jesus is with us as we share his peace with others.

OUR CATHOLIC LIFE

Serving the Lord

Saint Frances of Rome showed ways to "go in peace to love and serve the Lord." Frances lived in the city of Rome, in Italy. She was married and had three children. Frances took food to those who were poor and comforted those who were lonely. She cared for the sick and for the children who had no families. Her feast day is March 9.

Connect to the Catechism
For adult background and reflection, see paragraphs 1332, 1397, 1416, and 1418.

Visit Sadlier's
www.CREEMOSweb.com

Cuaresma

Cuaresma es un tiempo de preparación.

NOS CONGREGAMOS

Algunas veces un lema especial puede destacar algo. Piensa en algunos lemas de marcas que conoces. ¿Qué destacan?

CREEMOS

La Cuaresma es un tiempo para recordar todo lo que Jesús hizo para salvarnos. Es tiempo para prepararnos. Nos preparamos para la celebración de la Pascua y la nueva vida que Jesús nos trae.

"Arrepiéntete y cree en el evangelio".

Imposición de la ceniza

Lent

Advent · Christmas · Ordinary Time · **Lent** · Three Days · Easter · Ordinary Time

Lent is a season of preparing.

WE GATHER

Sometimes a special logo or mark stands for something or someone. Think about some logos or marks that you know. What do they stand for?

WE BELIEVE

Lent is a time of remembering all that Jesus did to save us. It is a time to get ready. We get ready for the celebration of Easter and the new life that Jesus brings us.

"Turn away from sin and be faithful to the gospel."
The Marking of Ashes

El Tiempo de Cuaresma dura cuarenta días. Durante ese tiempo rezamos a Dios pidiendo perdón. Le damos gracias por su misericordia.

La Cuaresma empieza el miércoles de ceniza. El miércoles de ceniza, los católicos son marcados con ceniza bendita. Esta ceniza es usada para hacer una señal de la cruz en la frente.

La cruz nos recuerda que Jesús sufrió y murió por cada uno de nosotros. El hizo eso para que pudiéramos tener vida eterna.

La cruz de ceniza en nuestra frente es una señal de que estamos arrepentidos de nuestros pecados y que queremos seguir a Jesús.

La Cuaresma es tiempo en que tratamos de acercarnos más a Jesús. Seguimos a Jesús rezando, haciendo buenas obras y ayudando a los pobres. Tratamos a todos con amor y respeto, como lo hizo Jesús.

Mira las fotos en estas páginas. Habla sobre las formas en que la gente está siguiendo a Jesús.

The season of Lent lasts forty days. During that time we pray to God and ask for his forgiveness. We thank him for his mercy.

Lent begins on a day called Ash Wednesday. On Ash Wednesday, Catholics are marked with blessed ashes. The ashes are used to make a cross on our foreheads.

The cross reminds us that Jesus suffered and died for each of us. He did this so that we could live with God forever.

The cross of ashes on our foreheads is a sign that we are sorry for our sins and want to follow Jesus.

Lent is a time when we try to grow closer to Jesus. We follow Jesus by praying, doing good things for others, and helping the poor. We treat people with love and respect, the way Jesus did.

Look at the photos on these pages. Talk about the ways people are following Jesus.

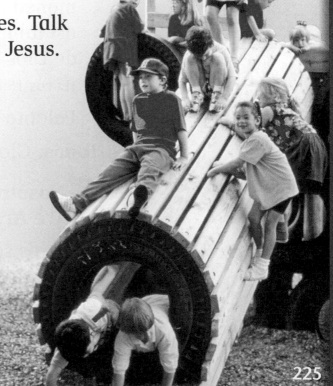

RESPONDEMOS

Escribe la palabra *Cuaresma* en una hoja de papel. Con cada letra, escribe una palabra que te recuerde algo sobre la Cuaresma y lo que puedes hacer durante este tiempo.

✝ Respondemos en oración

Lector: Lectura del Evangelio de Lucas.

"O bien, ¿qué mujer que tiene diez monedas y pierde una de ellas, no enciende una lámpara y barre la casa buscando con cuidado hasta encontrarla? Y cuando la encuentra, reúne a sus amigas y vecinas, y les dice: 'Felicítenme, porque ya encontré la moneda que había perdido'. Les digo que así también hay alegría entre los ángeles de Dios por un pecador que se convierte". (Lucas 15:8–10)

Palabra del Señor.

Todos: Gloria a ti, Señor Jesús.

🎵 **Nosotros somos su pueblo/ We Are God's People**

Nosotros somos su pueblo.
We are God's people.
Y ovejas de su rebaño.
The flock of the Lord.

WE RESPOND

On a sheet of paper write the word *Lent*. For each letter write a word that reminds you about Lent, and what you can do during this time.

✝ We Respond in Prayer

Reader: A reading from the Gospel of Luke.

"Or what woman having ten coins and losing one would not light a lamp and sweep the house, searching carefully until she finds it? And when she does find it, she calls together her friends and neighbors and says to them, 'Rejoice with me because I have found the coin that I lost.' In just the same way, I tell you, there will be rejoicing among the angels of God over one sinner who repents." (Luke 15:8–10)

The Gospel of the Lord.

All: Praise to you, Lord Jesus Christ.

♫ **Nosotros somos su pueblo/ We Are God's People**

Nosotros somos su pueblo.
We are God's people.
Y ovejas de su rebaño.
The flock of the Lord.

Respondemos y compartimos la fe

Compartiendo lo aprendido

Mira la ilustración. Usala para contar a tu familia lo que aprendiste en este capítulo.

Caja de donación

Busca una caja o una lata pequeña. Durante la Cuaresma pide a tu familia pensar en alguna persona pobre. En vez de gastar dinero en juguetes y dulces ponlo en la caja para dar a una persona necesitada.

Nuestra oración de Cuaresma

Juntos recen esta oración durante la Cuaresma.

Jesús,
haz que te conozcamos mejor,
te amemos más
y te sigamos más de cerca.

Amén.

(San Ricardo de Chichester)

Visita Sadlier en

www.CREEMOSweb.com

Conexión con el Catecismo
Para referencia vea el párrafo 540.

We Respond and Share the Faith

Sharing What I Learned

Look at the picture. Use it to tell your family what you learned in this chapter.

The Giving Box

Find a special box or jar. During Lent, ask your family to think about people who are poor. Instead of spending money on treats or toys, put the money in the box or jar for people who are poor. With your family, choose a way to use this money to help people.

Our Lenten Prayer

Pray this prayer together often during Lent.

Jesus,
may we know you more clearly,
love you more dearly,
and follow you more nearly.

Amen.

(Saint Richard of Chichester)

 Connect to the Catechism
For adult background and reflection, see paragraph 540.

Visit Sadlier's
www.CREEMOSweb.com

Los Tres Días celebran la muerte y resurrección de Jesús.

NOS CONGREGAMOS

¿Has participado en una celebración que ha durado más de un día? ¿Qué celebrabas?

CREEMOS

Durante la Cuaresma nos preparamos para celebrar la muerte y resurrección de Jesús de manera especial. Cuando termina la Cuaresma, empezamos los Tres Días.

Los Tres Días son la celebración más grande de la Iglesia. Son los días más importantes del año de la Iglesia. Durante estos días nos reunimos en la parroquia. Celebramos de día y de noche. La celebración de los Tres Días empieza el Jueves Santo en la tarde y termina el primer Domingo de Pascua en la tarde.

"Que nuestro único orgullo sea la cruz de nuestro Señor Jesucristo".

Misa vespertina de la Cena del Señor

The Three Days

The Three Days celebrate the death and Resurrection of Jesus.

WE GATHER

Have you ever been to a celebration that lasted more than one day? What was it?

WE BELIEVE

During Lent we prepare to celebrate Jesus' death and Resurrection in a special way. When Lent ends, we begin the Three Days.

The Three Days are the Church's greatest celebration. They are the most important days of the Church year. During the Three Days, we gather with our parish. We gather to celebrate at night and during the day. The celebration of the Three Days begins on Holy Thursday evening and ends on Easter Sunday evening.

"We should glory in the cross of our Lord Jesus Christ."
Evening Mass of the Lord's Supper

👤 Traza sobre las líneas para mostrar cuando empiezan y terminan los Tres Días.

Día 1	Día 2	Día 3

Jueves Santo	Viernes Santo	Sábado Santo	Domingo de Pascua

La celebración empieza el Jueves Santo en la tarde. Recordamos lo que pasó en la última cena. Celebramos que Jesús se dio a sí mismo en la Eucaristía. Recordamos que Jesús siempre sirvió a los demás. Hacemos una colecta especial por los necesitados.

El Viernes Santo escuchamos la historia de la muerte de Jesús y rezamos frente a la cruz. La cruz nos recuerda la muerte y resurrección de Jesús a una nueva vida. Rezamos por todo el mundo. Esperamos y rezamos.

El Sábado Santo en la noche, encendemos el cirio pascual. ¡Jesús ha resucitado! El trae la luz a la oscuridad. Escuchamos las lecturas bíblicas sobre las grandes cosas que Dios ha hecho por nosotros. Cantamos con alegría porque Jesús ha resucitado de la muerte. Recordamos nuestro bautismo en forma especial. También damos la bienvenida a la Iglesia a nuevos miembros que serán bautizados.

El Sábado Santo se convierte en Domingo de Pascua. Cantamos himnos de gozo y alabanza y empezamos el tiempo de Pascua. ¡Aleluya!

Trace over the lines to show when the Three Days begin and end.

The celebration begins on Holy Thursday night. We remember what happened at the Last Supper. We celebrate that Jesus gave himself to us in the Eucharist. We remember the ways Jesus served others. We have a special collection for those who are in need.

On Good Friday, we listen to the story of Jesus' death and pray before the cross. The cross reminds us of Jesus' dying and rising to new life. We pray for the whole world. We wait and pray.

On Holy Saturday night, we light the Easter candle. Jesus has risen! He brings light to the darkness. We listen to Bible readings about all the great things God has done for us. We sing with joy to celebrate that Jesus rose from the dead. We remember our Baptism in a special way. We also welcome new members of the Church as they are baptized.

Holy Saturday turns into Easter Sunday. We sing songs of joy and praise as we begin the Easter season. Alleluia!

RESPONDEMOS

¿Cómo celebra tu parroquia los Tres Días?

 Recen juntos esta oración.

> **Anunciamos tu muerte.**
> **Proclamamos tu resurrección.**
> **Ven Señor, Jesús.**

✝ Respondemos en oración

Líder: ¡Regocijaos siempre en Jesucristo!

Lector: Lectura de la carta de San Pablo a los gálatas.

"Por la fe en Cristo Jesús todos ustedes son hijos de Dios, y por el bautismo han venido a estar unidos con Cristo y se encuentran revestidos de él. . . Unidos a Cristo Jesús, todos ustedes son uno solo". (Gálatas 3:26–28)

Palabra de Dios.

Todos: Te alabamos, Señor.

🎵 **¡Aleluya! ¡Gloria a Dios!**

¡Alelu! ¡Alelu! ¡Aleluya!
¡Alelu! ¡Alelu! ¡Aleluya!
¡Alelu! ¡Alelu! ¡Aleluya!
¡Gloria a Dios! ¡Gloria al Señor!

WE RESPOND

How does your parish celebrate the Three Days?

 Pray together this prayer.

> Christ has died.
> Christ is risen.
> Christ will come again.

✝ We Respond in Prayer

Leader: Rejoice in Jesus Christ always!

Reader: A reading from the letter of Saint Paul to the Galatians.

"Through faith you are all children of God in Christ Jesus. For all of you who were baptized into Christ have clothed yourselves with Christ. You are all one in Christ Jesus." (Galatians 3:26–27, 28)

The word of the Lord.

All: Thanks be to God.

🎵 **Alleluia, We Will Listen**

Alleluia, alleluia,
We will listen to your word.
Alleluia! Alleluia!
We will listen. Alleluia!

Respondemos y compartimos la fe

Compartiendo lo aprendido

Mira la ilustración. Usala para contar a tu familia lo que aprendiste en este capítulo.

Alrededor de la mesa

La celebración de la Iglesia para los Tres Días empieza el Jueves Santo en la tarde y termina el Domingo de Pascua en la tarde. Mira el calendario.

Señala esos días en el calendario de tu familia. Hablen sobre las formas en que la parroquia celebra esos tres días.

Los Tres Días

Día 1	Día 2	Día 3

Jueves Santo	Viernes Santo	Sábado Santo	Domingo de Pascua

Para que todos recen

"Que nuestro único orgullo sea la cruz de nuestro Señor Jesucristo".

Conexión con el Catecismo
Para referencia vea el párrafo 628.

We Respond and Share the Faith

Sharing What I Learned

Look at the picture. Use it to tell your family what you learned in this chapter.

Around the Table

The Church's celebration of the great Three Days begins on Holy Thursday evening and ends on Easter Sunday evening. See the calendar boxes below.

Mark these days on your family calendar. Talk together about ways your parish celebrates on these days.

The Three Days

Day 1	Day 2	Day 3

Holy Thursday	Good Friday	Holy Saturday	Easter Sunday

For All to Pray

"We should glory in the cross of our Lord Jesus Christ."

Connect to the Catechism
For adult background and reflection, see paragraph 628.

Visit Sadlier's

www.CREEMOSweb.com

237

Dios nos llama a amar y a servir

NOS CONGREGAMOS

✝ **Líder:** Dios, Padre nuestro, en nuestro bautismo nos llamaste por nuestro nombre haciéndonos miembros de tu pueblo, la Iglesia.

Todos: Te alabamos por tu bondad. (Repetir)
Te agradecemos tus dones. (Repetir)

Líder: Te pedimos fortaleza para vivir en amor y servicio a los demás como lo hizo tu Hijo, Jesucristo. Te lo pedimos en su nombre.

Todos: Amén.

 Piensa en alguna vez en que alguien a quien quieres te llamó por tu nombre. ¿Qué hiciste?

CREEMOS

Somos llamados por Dios.

Leemos en la Biblia que Dios dice: "Yo te llamé por tu nombre, tú eres mío". (Isaías 43:1)

Cuando somos **llamados por Dios** somos invitados a amarle y a servirle.

Amamos y servimos a Dios de muchas formas. Como miembros de la Iglesia rezamos y respetamos el nombre de Dios. Participamos en la misa y en otros sacramentos. Aprendemos sobre Dios por las enseñanzas de Jesús y de la Iglesia. Contamos a otros las cosas maravillosas que Dios ha hecho por nosotros.

God Calls Us to Love and Serve

WE GATHER

✝ **Leader:** God, our Father, in Baptism you called us by name making us members of your people, the Church.

All: We praise you for your goodness. (echo) We thank you for your gifts. (echo)

Leader: We ask you to strengthen us to live in love and service to others as your Son, Jesus, did. We ask this in his name.

All: Amen.

 Think about a time when someone you love called your name. What did you do?

WE BELIEVE

We are called by God.

We read in the Bible that God says, "I have called you by name: you are mine." (Isaiah 43:1)

When we are **called by God**, we are invited by God to love and serve him.

We love and serve God now in many ways. As members of the Church, we pray and respect God's name. We take part in the Mass and the other sacraments. We learn about God from the teachings of Jesus and the Church. We tell others the wonderful things God has done for us.

Cuando crecemos Dios nos llama a servir en diferentes formas. Podemos servir a Dios como solteros, casados, como sacerdotes, como hermanos o religiosas. Todas estas formas de servir a Dios son importantes para la Iglesia. Juntos trabajamos para llevar el amor de Dios a otros.

Habla sobre una persona que conoces que ama y sirve a Dios. ¿Qué hace esa persona?

Casados y solteros son llamados por Dios.

Las personas solteras y casadas sirven a Dios en forma parecida. Ellos:

- aman y cuidan de sus familiares

- participan en las actividades de las parroquias

- hablan sobre Jesús y la Iglesia a los demás

- trabajan para hacer de su comunidad un lugar mejor

- ayudan a los necesitados

- rezan por los demás.

Los solteros comparten el amor de Dios con su familia, la comunidad y la Iglesia. Los casados celebran el sacramento del Matrimonio. Los esposos comparten el amor de Dios con sus hijos. Enseñan a sus hijos sobre Jesús y la Iglesia. Les enseñan a vivir como católicos.

As we grow older we are called to serve God in different ways. We may serve God as single people, married people, priests, or religious brothers or sisters. These ways of serving God are all important to the Church. Together we work to bring God's love to others.

Talk about a person you know who loves and serves God. What does that person do?

Married people and single people are called by God.

Single people and married people serve God in many of the same ways. They:

- love and care for their families
- take part in parish activities
- tell others about Jesus and the Church
- work to make their communities better places
- help people in need
- pray for others.

Single people share God's love in their families, communities, and the Church. Married people celebrate the sacrament of Matrimony. A husband and wife share God's love with each other and with their children. They teach them about Jesus and the Church. They show them how to live as Catholics.

Los sacerdotes son llamados por Dios.

Algunos hombres son llamados, invitados, a servir como sacerdotes a Dios y a la Iglesia. Un hombre se hace sacerdote cuando recibe el sacramento del Orden Sagrado.

Los sacerdotes pasan sus vidas compartiendo el amor de Dios con el pueblo. Ellos comparten el mensaje de Jesús y nos ayudan a vivir como Jesús vivió.

Los sacerdotes dirigen la celebración de la misa y otros sacramentos. Ellos nos enseñan sobre la fe católica. Trabajan en parroquias, escuelas, hospitales y comunidades en todo el mundo.

Escribe una forma en que los sacerdotes sirven a Dios y a los demás. Recuerda darles las gracias.

Como católicos...

Durante la celebración de los sacramentos los sacerdotes usan ropa especial llamada vestiduras. El sacerdote usa una túnica blanca llamada alba y una estrecha bufanda alrededor de la garganta llamada estola. Encima se pone una capa llamada casulla. El sacerdote usa casullas de diferentes colores para diferentes ocasiones. El color nos dice que tiempo o fiesta estamos celebrando. Algunos de los colores son: morado, rosa, blanco, rojo, verde y dorado.

Este domingo en la misa fíjate en el color de la casulla que está usando el sacerdote.

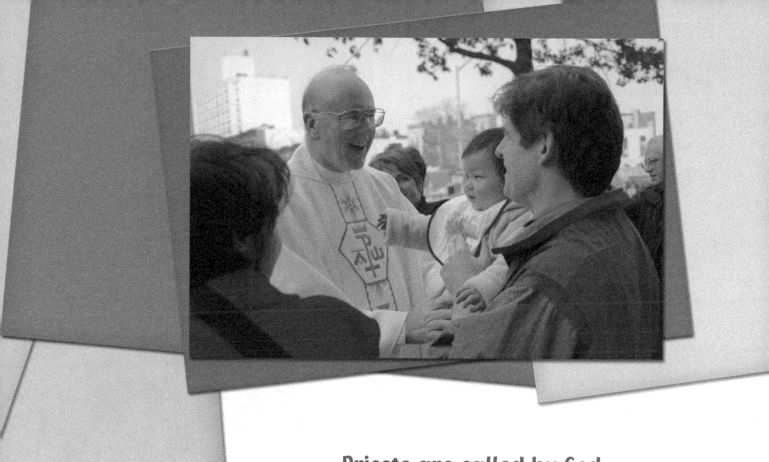

Priests are called by God.

Some men are called, or invited, to serve God and the Church as priests. A man becomes a priest when he receives the sacrament of Holy Orders.

Priests spend their lives sharing God's love with people. They share the message of Jesus and help us to live as Jesus did.

Priests lead the celebration of the Mass and other sacraments. They teach us about our Catholic faith. They work in parishes, schools, hospitals, and communities all over the world.

Write one way priests serve God and others. Remember to thank them.

Vocabulario

llamado por Dios
somos invitados por Dios a amarle y servirle

Hermanas y hermanos religiosos son llamados por Dios.

Algunos hombres y mujeres son llamados por Dios para amarle y servirle como hermanos y hermanas religiosas. Ellos pertenecen a comunidades religiosas.

Estos hombres y mujeres rezan y trabajan juntos. Ellos viven una vida de amor y servicio a Dios, la Iglesia y sus comunidades.

Los hermanos y hermanas religiosas sirven en muchas formas. Ellos:

- Hablan de Jesús a los demás, en nuestro país y el extranjero.

- Enseñan en escuelas y parroquias.

- Trabajan en hospitales y pasan tiempo con los enfermos y los ancianos.

- Cuidan de los necesitados.

RESPONDEMOS

¿Qué harás para servir a Dios esta semana?

Religious sisters and brothers are called by God.

Some women and men are called by God to love and serve him as religious sisters and brothers. They belong to religious communities.

These women and men pray and work together. They live a life of loving service to God, the Church, and their communities.

Religious sisters and brothers serve in many ways.

- They tell others about Jesus either in our country or in faraway places.
- They teach in schools and parishes.
- They work in hospitals and spend time with those who are sick or elderly.
- They care for people who are in need.

WE RESPOND

What is the one thing you will do to serve God this week?

Go to church

called by God invited by God to love and serve him

Encierra en un círculo la respuesta correcta.

1. Sólo los solteros y los casados sirven a Dios.

     Sí   No   ?

2. Mostramos nuestro amor a Dios cuando celebramos los sacramentos.

     Sí   No   ?

3. Sólo las mujeres pueden pertenecer a comunidades religiosas.

     Sí   No   ?

4. Los sacerdotes dirigen la celebración de la misa y otros sacramentos.

     Sí   No   ?

Contesta esta pregunta.

5. ¿Cómo la Iglesia ama y sirve a Dios?

_____

Reflexiona y ora

Dios, quiero servirte como

_____

Review

Chapter 22

Circle the correct answer.

1. Only single people and married people serve God.

   Yes　　　　　No　　　　　?

2. We show our love for God when we celebrate the sacraments.

   Yes　　　　　No　　　　　?

3. Only women can belong to religious communities.

   Yes　　　　　No　　　　　?

4. Priests lead the celebration of the Mass and other sacraments.

   Yes　　　　　No　　　　　?

Answer this question.

5. How does the Church love and serve God?

_____

Reflect & Pray

God, I would like to serve you as

_____

Respondemos y compartimos la fe

Compartiendo lo aprendido

Mira la ilustración. Usala para contar a tu familia lo que aprendiste en este capítulo.

Para que todos vean

"En primer lugar, por medio de Jesucristo doy gracias a mi Dios por cada uno de ustedes".

Romanos 1:8

Recuerda

- Somos llamados por Dios.
- Casados y solteros son llamados por Dios.
- Los sacerdotes son llamados por Dios.
- Hermanas y hermanos religiosos son llamados por Dios.

NUESTRA VIDA CATÓLICA

Isabel Ana Seton

Santa Isabel Ana Seton fue la primera persona de los Estados Unidos nombrada santa. Ella fue bautizada en la iglesia episcopal. Se casó y tuvo cinco hijos. Cuando su esposo murió, se convirtió al catolicismo. Empezó la primera escuela católica en Maryland. También empezó una comunidad religiosa, Hermanas de la Caridad. Esta sigue enseñando, trabajando en hospitales y ayudando en parroquias.

Visita Sadlier en

www.CREEMOSweb.com

Conexión con el Catecismo
Para referencia vea los párrafos 30, 1604, 1658, 1578 y 1618.

We Respond and Share the Faith

Sharing What I Learned

Look at the picture. Use it to tell your family what you learned in this chapter.

Remember

- We are called by God.
- Married people and single people are called by God.
- Priests are called by God.
- Religious sisters and brothers are called by God.

For All to See

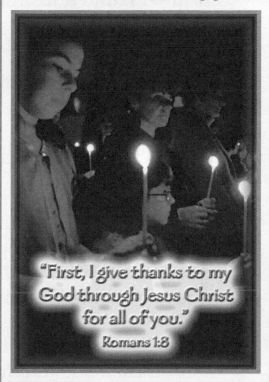

"First, I give thanks to my God through Jesus Christ for all of you."

Romans 1:8

OUR CATHOLIC LIFE

Elizabeth Ann Seton

Saint Elizabeth Ann Seton is the first person from the United States to be named a saint. She was baptized in the Episcopal Church. She married and had five children. After her husband died, she became a Catholic. She started the first Catholic school in Maryland. She also started a religious community, the Sisters of Charity. They teach, work in hospitals, and help in parishes.

Connect to the Catechism
For adult background and reflection, see paragraphs 30, 1604, 1658, 1578, and 1618.

Visit Sadlier's
www.CREEMOSweb.com

NOS CONGREGAMOS

✝ **Líder:** Vamos a escuchar una lectura de la carta de Pablo a los filipenses.

Lector: "Alégrense siempre en el Señor. Repito: ¡Alégrense! Que todos los conozcan a ustedes como personas bondadosas". (Filipenses 4:4–5)

Palabra de Dios.

Todos: Te alabamos, Señor.

🎵 **Vienen con alegría**

Vienen con alegría, Señor,
cantando vienen con alegría, Señor,
los que caminan por la vida, Señor,
sembrando tu paz y amor.

☀ Perteneces a tu familia y a tu curso en la escuela. ¿En qué se parecen esos grupos? ¿En qué se diferencian?

CREEMOS

Los católicos pertenecen a comunidades parroquiales.

Como católicos pertenecemos a una familia parroquial. Una parroquia es una comunidad de católicos que rinden culto y trabajan juntos. Como parroquia nos reunimos a rezar. A celebrar los sacramentos. Cuidamos de los necesitados. Aprendemos a vivir como seguidores de Jesús.

The Church Lives Today

WE GATHER

✞ **Leader:** Let us listen to a reading from the letter of Paul to the Philippians.

Reader: "Rejoice in the Lord always. I shall say it again: rejoice! Your kindness should be known to all." (Philippians 4:4–5)

The word of the Lord.

All: Thanks be to God.

🎵 **Rejoice in the Lord Always**

Rejoice in the Lord always,
    Again I say, rejoice! (Repeat)
Rejoice! Rejoice!
    Again I say, rejoice! (Repeat)

☀ You belong to your family and to your class in school. How are these groups the same? How are they different?

WE BELIEVE

Catholics belong to parish communities.

As Catholics we belong to a parish family. A parish is a community of Catholics who worship and work together. As a parish, we come together to pray. We celebrate the sacraments. We care for those in need. We learn to live as followers of Jesus.

Una parroquia tiene un párroco asignado por un obispo. El **párroco** es el sacerdote que dirige y sirve a la parroquia. El dirige la parroquia en la celebración de los sacramentos, en oración y en enseñanza.

Juntos, el párroco y los miembros de la parroquia, continúan la misión de Jesús. Algunas personas ayudan en la parroquia como ministros. Juntos todos en la parroquia se preocupan por las necesidades de los demás.

El padre _____ es mi párroco. Mi parroquia continúa la misión de Jesús

_____ .

Los obispos dirigen y sirven a la Iglesia.

Jesús escogió doce apóstoles para dirigir a sus seguidores. Escogió a Pedro para ser el líder de los apóstoles. Pedro y los demás apóstoles fueron los primeros líderes de la Iglesia.

Pedro y los apóstoles escogieron otros hombres para dirigir y servir a la Iglesia. Estos líderes se conocieron como obispos. Los **obispos** son líderes de la Iglesia que continúan la misión de los apóstoles. Hoy los obispos dirigen y sirven en la Iglesia.

Los obispos son escogidos por el papa para dirigir y cuidar de una diócesis. Una **diócesis** es un área de la Iglesia dirigida por un obispo. Una diócesis está compuesta por todos los católicos que viven en un área.

A parish has a pastor who is chosen by the bishop. The **pastor** is the priest who leads and serves the parish. He leads the parish in celebrating the sacraments, in prayer, and in teaching.

Together with the pastor, the members of the parish continue the work of Jesus. Some of these people help in parish ministries. Together the whole parish serves the needs of others.

My pastor is _____ .

My parish continues the work of Jesus by

_____ .

Bishops lead and serve the Church.

Jesus chose the twelve apostles to lead and care for his followers. He chose the apostle Peter to be the leader of the apostles. Peter and the other apostles were the first leaders of the Church.

Peter and the apostles chose other men to lead and serve the Church. These leaders became known as bishops. **Bishops** are leaders of the Church who carry on the work of the apostles. Bishops still lead and serve the Church today.

A bishop is chosen by the pope to lead and care for a diocese. A **diocese** is an area of the Church led by a bishop. A diocese is made up of all the Catholics who live in a certain area.

El obispo guía y sirve a los miembros de su diócesis. El transmite las enseñanzas de Jesús. El ayuda al pueblo a acercarse a Dios.

 ¿A qué diócesis pertenece tu parroquia? ¿Quién es el obispo de tu diócesis?

El papa es el líder de toda la Iglesia.

El papa es el obispo de Roma, Italia. El **papa** es el líder de toda la Iglesia que continúa el trabajo de San Pedro. Con los obispos, el papa ayuda a los católicos a ser discípulos de Jesús.

El papa sirve y cuida de la Iglesia. El predica la buena nueva de Jesucristo a todo el mundo. El papa viaja a otros países. Donde quiera que va celebra misa y habla con el pueblo. El enseña sobre el amor de Dios. El pide a la gente que se amen y se cuiden uno al otro.

 Si el Papa viniera a tu parroquia, ¿qué le dirías o preguntarías?

Como católicos...

El papa vive en un lugar especial de Roma llamado Ciudad del Vaticano. Los mensajes del papa y otros programas pueden escucharse todos los días, en cuarenta idiomas diferentes, en la radio del Vaticano. También son trasmitidos por la radio y el Internet en la red del Vaticano. www.vatican.va

Escucha los mensajes del papa en la radio del Vaticano o busca en el sitio web.

The bishop guides and serves the members of his diocese. He passes on the teachings of Jesus. He helps the people to grow closer to God.

What diocese is your parish part of? Who is the bishop of your diocese?

The pope is the leader of the Church.

The pope is the bishop of Rome in Italy. The **pope** is the leader of the Church who continues the work of Saint Peter. With the other bishops, the pope helps Catholics to be disciples of Jesus.

The pope serves and cares for the Church. He preaches the good news of Jesus Christ to everyone. The pope travels to other countries. Wherever he is, the pope celebrates Mass and talks to the people. He teaches them about God's love. He asks people to love and care for one another.

If the pope were coming to your parish, what would you tell or ask him?

As Catholics...

The pope lives in a special part of Rome called Vatican City. Every day the pope's messages and other programs can be heard on Vatican Radio in forty different languages. They are also broadcast on the radio and over the Internet on the Vatican's own Web site. www.vatican.va

Listen to the pope's message on Vatican Radio or log on to the Vatican's Web site.

La Iglesia está en todo el mundo.

Los católicos en todas partes del mundo creen lo mismo. Comparten y celebran la misma fe sobre la Santísima Trinidad, Jesús, el Hijo de Dios, la Iglesia, María y los santos. Ellos celebran la Eucaristía y los otros sacramentos. También reconocen al papa como líder de la Iglesia.

Sin embargo, los católicos en el mundo muestran su fe en diferentes formas. Mira las ilustraciones para ver diferentes formas en que los católicos rezan y muestran su fe.

En Polonia el día de Nochebuena, el padre parte un pan especial llamado *oplatki*. El dará un pedazo a cada miembro de la familia. Esta es una señal de paz y amor.

En la fiesta de Corpus Cristi, la fiesta del Cuerpo y Sangre de Cristo, el sacerdote presenta la Eucaristía a todos los presentes. El sacerdote y el pueblo cantan himnos a Jesús mientras caminan por el pueblo.

RESPONDEMOS

¿Qué puedes decir a niños de otros países sobre la forma en que tu parroquia reza y celebra?

Vocabulario

párroco sacerdote que dirige y sirve a una parroquia

obispos líderes de la Iglesia que continúan la misión de los apóstoles

diócesis área de la Iglesia dirigida por un obispo

papa líder de toda la Iglesia que continúa la misión de San Pedro

The Church is in every part of the world.

Catholics in every part of the world have the same beliefs. They share and celebrate the same beliefs about the Blessed Trinity, Jesus, the Son of God, the Church, Mary, and the saints. They all celebrate the Eucharist and the other sacraments. They look to the pope as the leader of the Church.

However, Catholics around the world also show their faith in different ways. Look at the pictures and the ways Catholics pray and show their faith.

On Christmas Eve the father in a Polish family breaks a wafer called *oplatki.* He will give a piece of the wafer to each member of his family. This is a sign of love and peace.

On the Feast of Corpus Christi, or the Feast of the Body and Blood of Christ, the priest carries the Eucharist for all to worship. The priest and people sing songs to Jesus as they walk through their town.

WE RESPOND

What could you tell children from another country about the way your parish prays and celebrates?

pastor the priest who leads and serves the parish

bishops leaders of the Church who carry on the work of the apostles

diocese an area of the Church led by a bishop

pope the leader of the Church who continues the work of Saint Peter

257

Capítulo 23

Usa las palabras en el cuadro para completar las oraciones.

| papa | parroquia | miembros | fe | obispos |

1. Una _____ es una comunidad de católicos que rinden culto juntos.

2. Los _____ dirigen la Iglesia y continúan la misión de los apóstoles.

3. El _____ es el líder de la Iglesia que continúa la misión de San Pedro.

4. Los _____ de la parroquia continúan el trabajo de Jesús.

Escribe tu respuesta.

5. Los católicos comparten y celebran

_____

Reflexiona y ora

Jesús, la Iglesia continúa tu misión hoy

_____

Review

Chapter 23

Use the words in the box to complete the sentences.

pope	parish	members	faith	bishops

1. A _____ is a community of Catholics who worship and work together.

2. The _____ lead the Church and carry on the work of the apostles.

3. The _____ is the leader of the Church who continues the work of Saint Peter.

4. The _____ of the parish continue the work of Jesus.

Write your answer.

5. Catholics share and celebrate

_____

Reflect & Pray

Jesus, the Church continues your work today by

_____

Respondemos y compartimos la fe

Compartiendo lo aprendido

Mira la ilustración. Usala para contar a tu familia lo que aprendiste en este capítulo.

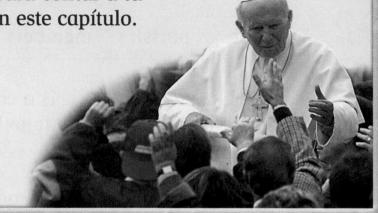

Para que todos vean

"Alégrense siempre en el Señor".

Filipenses 4:4

Recuerda

- Los católicos pertenecen a comunidades parroquiales.
- Los obispos dirigen y sirven a la Iglesia.
- El papa es el líder de toda la Iglesia.
- La Iglesia está en todo el mundo.

NUESTRA VIDA CATÓLICA

Misioneros

Todos somos llamados a ser misioneros. Los misioneros enseñan a otros sobre Jesús. Podemos ser misioneros en nuestros hogares, escuelas y vecindarios. Podemos compartir nuestra fe en Jesús y vivir como él. Algunos misioneros llevan la buena nueva de Jesucristo a gente que vive en otros países, aprenden su idioma y su forma de vida para compartir el amor de Dios.

Conexión con el Catecismo
Para referencia vea los párrafos 2179, 886, 882 y 831.

We Respond and Share the Faith

Sharing What I Learned

Look at the picture. Use it to tell your family what you learned in this chapter.

Remember

- Catholics belong to parish communities.
- Bishops lead and serve the Church.
- The pope is the leader of the Church.
- The Church is in every part of the world.

OUR CATHOLIC LIFE

Missionaries

All of us are called to be missionaries. Missionaries teach others about Jesus. We can be missionaries within our homes, schools, and neighborhoods. We can share our faith in Jesus and live as he did. Some missionaries bring the good news of Jesus Christ to people who live in other countries, learn their language, learn the way these people live, and share God's love with them.

Connect to the Catechism
For adult background and reflection, see paragraphs 2179, 886, 882, and 831.

Visit Sadlier's
www.CREEMOSweb.com

NOS CONGREGAMOS

✝ **Líder:** El Señor esté con vosotros.

Todos: Y con tu espíritu.

Líder: Levantemos el corazón.

Todos: Lo tenemos levantado hacia el Señor.

Líder: Demos gracias al Señor, nuestro Dios.

Todos: Es justo y necesario.

 Hosanna

¡Hosanna! ¡Hosanna! ¡Hosanna!
¡Hosanna! ¡Hosanna! ¡Hosanna!

Viva el Hijo de David. Viva el Hijo de David.
Hosanna en el cielo. Hosanna en el cielo.

¿Por qué hablas a otras personas?
¿Por qué escuchas a otras personas?

CREEMOS

La oración nos mantiene cerca de Dios.

Podemos acercarnos más a Dios por medio de la oración. **Orar** es hablar y escuchar a Dios. No importa como recemos, Dios está con nosotros.

Hablamos con Dios de diferentes cosas. Compartimos nuestros pensamientos. Algunas veces le pedimos ayuda o perdón. Otras veces le damos gracias por su amor y sus bendiciones.

WE GATHER

✝ **Leader:** The Lord be with you.

All: And also with you.

Leader: Lift up your hearts.

All: We lift them up to the Lord.

Leader: Let us give thanks to the Lord our God.

All: It is right to give him thanks and praise.

 Sing Hosanna

Sing hosanna! Sing hosanna!
Sing it for Jesus. Sing it for Jesus.
Sing it for friendship. Sing it for friendship.
Sing it forever. Sing it forever. Sing hosanna!
Sing hosanna! Sing hosanna! Sing!

☀ Why do you talk to other people?
Why do you listen to other people?

WE BELIEVE

Prayer keeps us close to God.

We can grow closer to God through prayer.
Prayer is talking and listening to God.
No matter how we pray, God is with us.

We talk to God about different things. We share
the things we are thinking about. Sometimes
we ask for help or forgiveness. Other times we
thank him for his love, or ask his blessing.

Dios está siempre ahí escuchando nuestras oraciones. El sabe lo que necesitamos y cuida de nosotros.

Orar es escuchar también a Dios. Dios nos habla en la misa, por medio de los sacramentos y por medio de las palabras en la Biblia. Nos habla por medio de los líderes de la Iglesia y por medio de todo el que nos muestra su amor.

¿Quién te ha enseñado a orar?

Jesús oraba a Dios, su Padre.

Cuando Jesús estaba creciendo aprendió a rezar. El rezaba con María y José. Ellos también se reunían con otros judíos para rezar.

Ellos iban a Jerusalén para celebrar los días de fiesta. El **Templo** es el lugar santo en Jerusalén donde los judíos rendían culto a Dios.

Jesús siempre rezó. El quería estar cerca de Dios, su Padre. El le pedía a Dios que estuviera con él. Le daba gracias al Padre por todas sus bendiciones.

Jesús con frecuencia se alejaba para orar. Jesús también oraba cuando estaba con su familia, sus amigos y sus discípulos.

¿En qué momentos rezas sólo? ¿En qué momentos rezas con otros?

God is always there to hear our prayer. He knows what we need and takes care of us.

Prayer is listening to God, too. God speaks to us at Mass, through the sacraments, and through the words of the Bible. He speaks to us through Church leaders and through all who show us his love.

 Who has taught you to pray?

Jesus prayed to God his Father.

When Jesus was growing up, he learned to pray. He prayed with Mary and Joseph. They also gathered with other Jewish families to pray.

They all traveled to Jerusalem to celebrate religious holidays. The **Temple** is the holy place in Jerusalem where the Jewish people worshiped God.

As Jesus grew older he continued to pray. He wanted to be close to God his Father. He asked his Father to be with him. He thanked his Father for his many blessings.

Jesus often went off by himself to pray. Jesus also prayed when he was with his family, friends, and disciples.

 When do you pray by yourself? When do you pray with others?

Jesús nos enseña a orar.

Los discípulos de Jesús querían aprender a orar igual que Jesús. Un día ellos le pidieron: "Señor, enséñanos a orar". (Lucas 11:1)

Jesús les enseñó el Padrenuestro.

El Padrenuestro

Padre nuestro, que estás en el cielo, santificado sea tu nombre;

Hablamos con Dios. Lo alabamos como nuestro Padre amoroso.

Decimos que Dios es santo. Honramos y respetamos su nombre.

venga a nosotros tu reino; hágase tu voluntad en la tierra como en el cielo.

Pedimos para que todo el mundo conozca y comparta el amor de Dios. Es lo que Dios quiere para todos.

Danos hoy nuestro pan de cada día;

Pedimos a Dios nos dé lo que necesitamos. Recordamos a los necesitados.

perdona nuestras ofensas, como también nosotros perdonamos a los que nos ofenden;

Pedimos perdón a Dios. Necesitamos el perdón de los demás.

no nos dejes caer en la tentación, y líbranos del mal.

Pedimos a Dios nos cuide de las cosas que están en contra de su amor.

Pide a un compañero hacer una acción de oración para cada una de las partes del Padrenuestro. Después récenlo usando las acciones.

Jesus teaches us to pray.

Jesus' disciples wanted to learn how to pray as Jesus did. One day they asked Jesus, "Lord, teach us to pray." (Luke 11:1)

Jesus taught them the Lord's Prayer. It is also called the Our Father.

The Lord's Prayer

Our Father, who art in heaven, hallowed be thy name;

We talk to God.
We praise him as our loving Father.
We say that God is holy.
We honor and respect his name.

thy kingdom come;
thy will be done on earth
  as it is in heaven.

We ask that all people will know and share God's love. This is what God wants for all of us.

Give us this day our daily bread;

We ask God to give us what we need. We remember all people who are hungry or poor.

and forgive us our trespasses
as we forgive those who trespass
  against us;

We ask God to forgive us.
We need to forgive others.

and lead us not into temptation, but deliver us from evil. Amen.

We ask God to keep us safe from anything that goes against his love.

As a class make up prayerful actions for each part of the Our Father. Then pray the prayer using the actions.

Como católicos...

Algunos miembros de la Iglesia se reúnen a rezar en momentos especiales durante el día. Las mañanas y las tardes son dos momentos especiales. En la mañana y en la tarde la gente se reúne y canta salmos. Escuchan lecturas bíblicas. Rezan por el mundo. Dan gracias a Dios por la creación. Muchas comunidades religiosas se reúnen en sus capillas para orar en la mañana y en la tarde. Tu parroquia puede que también se reúna.

Pregunta si tu parroquia se reúne para celebrar en las mañanas y en las tardes.

Rezamos como Jesús rezó.

Hay muchas razones para rezar. Rezamos a Dios:

- pidiéndole ayuda
- diciéndole lo hermoso que es el mundo
- pidiéndole perdón
- agradeciendo su amor
- pidiendo su bendición.

Cuando rezamos podemos usar nuestras propias palabras. También rezamos oraciones que hemos aprendido. Hacemos estas oraciones cuando rezamos juntos.

Es importante rezar juntos como miembros de la Iglesia. Como parroquia nos reunimos para celebrar la Eucaristía y otros sacramentos.

Hay otras ocasiones en que rezamos juntos. Habla de esos momentos.

RESPONDEMOS

Piensa en una forma en que rezarás con tu familia esta semana.

Ahora siéntate tranquilo y escucha a Dios.

Vocabulario

orar hablar y escuchar a Dios

Templo lugar santo en Jerusalén donde el pueblo judío rendía culto a Dios

We pray as Jesus did.

There are many reasons to pray. We pray to:

- ask God for help
- tell God how beautiful the world is
- ask God to forgive us
- thank God for his love
- ask for God's blessing for us and others.

When we pray we can use our own words. We can also use prayers that we have learned. We use many of these prayers when we pray together.

Praying together is an important part of being a member of the Church. As a parish we join together to celebrate the Eucharist and the other sacraments.

 There are other times when our parish prays together. Talk about some of these times.

WE RESPOND

Think about one way you and your family will pray this week.

Now sit quietly. Talk and listen to God.

As Catholics...

At special times of the day, many members of the Church come together to pray. Morning and evening are two of these special times. At morning prayer and evening prayer, people gather to pray and sing psalms. They listen to readings from the Bible. They pray for the whole world. They thank God for his creation. Many religious communities gather in their chapels for morning and evening prayer. Your parish may gather, too.

Find out if your parish gathers to celebrate morning and evening prayer.

Key Words

prayer talking and listening to God

Temple the holy place in Jerusalem where the Jewish people worshiped God

Encierra en un círculo la respuesta correcta.

1. Dios nos habla en muchas formas.

    Sí   No   ?

2. Jesús solamente rezaba solo.

    Sí   No   ?

3. En la oración hablamos con Dios y le escuchamos.

    Sí   No   ?

4. El Ave María es una oración que Jesús enseñó a sus discípulos.

    Sí   No   ?

Escribe tu respuesta.

5. La oración es importante porque

_____

Reflexiona y ora

Rezaré el Padrenuestro frecuentemente porque

_____

_____

Review

Chapter 24

Circle the correct answer.

1. God speaks to us in many ways.

   Yes   No   ?

2. Jesus only prayed by himself.

   Yes   No   ?

3. Prayer is talking to God and listening to him, too.

   Yes   No   ?

4. The Hail Mary is the prayer Jesus taught his disciples.

   Yes   No   ?

Write your answer.

5. Prayer is important because

_____

Reflect & Pray

I will pray the Our Father often because

_____

_____

Respondemos y compartimos la fe

Compartiendo lo aprendido

Mira la ilustración. Usala para contar a tu familia lo que aprendiste en este capítulo.

Para que todos vean

"Señor, enséñanos a orar".
Lucas 11:1

Recuerda

- La oración nos mantiene cerca de Dios.
- Jesús oraba a Dios, su Padre.
- Jesús nos enseña a orar.
- Rezamos como Jesús rezó.

NUESTRA VIDA CATOLICA

Vida contemplativa

Algunas comunidades religiosas pasan todo el día en oración. Ellos viven y trabajan en lugares llamados monasterios, abadías y conventos. El trabajo que hacen cubre los gastos de comida y sus necesidades. Viven una vida de oración. Juntos en comunidad rezan a diferentes horas del día. Las oraciones de estas comunidades son muy importantes para la Iglesia y el mundo.

Visita Sadlier en

www.CREEMOSweb.com

Conexión con el Catecismo
Para referencia vea los párrafos 2560, 2599, 2759 y 2767.

We Respond and Share the Faith

Sharing What I Learned

Look at the picture. Use it to tell your family what you learned in this chapter.

Remember

- Prayer keeps us close to God.
- Jesus prayed to God his Father.
- Jesus teaches us to pray.
- We pray as Jesus did.

For All to See

"Lord, teach us to pray."
Luke 11:1

OUR CATHOLIC LIFE

Contemplative Life

Some men and women join religious communities to spend their days in prayer. They live and work in places called abbeys, monasteries, and convents. The work that they do provides for their food and the things they need to live. They live a life of prayer. Together as a community they pray at different hours of the day. The prayers of these religious communities are very important to the Church and the world.

Connect to the Catechism
For adult background and reflection, see paragraphs 2560, 2599, 2759, and 2767.

Visit Sadlier's

www.CREEMOSweb.com

25 Honramos a María y a los santos

NOS CONGREGAMOS

✝ Vamos a rezar cantando.

🎵 **Santos del Señor**

Santos del Señor,
santos en el cielo,
rueguen por todos nosotros,
santos del Señor.

 ¿Qué significa honrar a alguien? ¿Cuáles son algunas formas en que honramos a la gente?

CREEMOS

La Iglesia honra a los santos.

Dios es bueno y santo y quiere que nosotros seamos santos. El comparte su vida con nosotros. Los sacramentos nos ayudan a ser santos. Amar a Dios y a los demás también nos ayuda a ser santos.

La comunidad de la Iglesia honra a las personas santas. **Santos** son todos los miembros de la Iglesia que han muerto y están felices con Dios en el cielo para siempre. Ellos siguieron el ejemplo de Jesús.

We Honor Mary and the Saints

WE GATHER

✝ Let us pray by singing.

 Litany of Saints

Saint Peter and Saint Paul,
Saint Mary Magdalene,
Saint Catherine of Siena:

Pray for us.
Pray with us.
Help us to share God's love.

☀ What does it mean to honor someone? What are some ways we honor people?

WE BELIEVE

The Church honors the saints.

God is good and holy and wants us to be holy, too. So he shares his life with us. The sacraments help us to be holy. Loving God and others helps us to be holy, too.

The Church community honors holy people. The saints are holy people. The **saints** are all the members of the Church who have died and are happy with God forever in heaven. They followed Jesus' example.

He aquí algunos de los santos que recordamos:

- San Pedro y San Pablo ayudaron a la Iglesia a crecer.

- Santa Brígida de Irlanda y Santa Catherina de Siena trabajaron por la paz.

- Santa Rosa de Lima y San Martín de Porres ayudaron a los pobres y a los enfermos.

- San Juan Bosco y Santa Francisca Cabrini empezaron escuelas para enseñar a los niños sobre el amor de Dios.

Recordamos a todos los santos en el cielo el 1 de noviembre en la fiesta de Todos los Santos.

San Juan Bosco

 ¿Cuáles son algunos santos que conoces? ¿Cómo puedes imitar su ejemplo?

La Iglesia honra a María.

Dios escogió a María para ser la madre de su Hijo, Jesús. Dios bendijo a María de manera especial. Ella estuvo libre de pecado desde el primer momento de su vida. Ella estaba llena de gracia. Durante toda su vida ella hizo la voluntad de Dios. Pocos meses antes de nacer Jesús, Dios envió un ángel a María.

📖 Lucas 1:28–30, 38

El ángel le dijo a María: "¡Te saludo, favorecida de Dios! El Señor está contigo". (Lucas 1:28) Después el ángel le dijo que no tuviera miedo. El ángel le dijo que Dios quería que ella fuera la madre de su Hijo. María le dijo al ángel que ella haría lo que Dios quería.

Saint Frances Cabrini

Here are some of the saints we remember.

- Saint Peter and Saint Paul helped the Church to spread and grow.
- Saint Brigid of Ireland and Saint Catherine of Siena were peacemakers.
- Saint Rose of Lima and Saint Martin de Porres helped the poor and the sick.
- Saint John Bosco and Saint Frances Cabrini began schools to teach children about God's love.

We remember all the saints in heaven on November 1, the feast of All Saints.

 What saints do you know about? How can you follow their example?

The Church honors Mary.

God chose Mary to be the mother of his own Son, Jesus. So God blessed her in a special way. Mary was free from sin from the very first moment of her life. She was always filled with grace. All through her life she did what God wanted. A few months before Jesus was born, God sent an angel to Mary.

Luke 1:28–30, 38

The angel said to Mary, "Hail, favored one! The Lord is with you." (Luke 1:28) Then the angel told Mary not to be afraid. The angel said that God wanted her to be the mother of his own Son. Mary told the angel she would do what God wanted.

María es la madre de Jesús. Jesús la amó y la respetó. Nosotros también la amamos y la respetamos como nuestra madre. María es una santa. Ella es la mayor entre los santos. Ella es ejemplo para todos los discípulos de Jesús.

 ¿Cómo podemos rendir honor a María como la mayor entre los santos?

Honramos a María con oraciones especiales.

María tenía una prima llamada Isabel. Isabel también estaba esperando un bebé. María fue a visitarla.

📖 Lucas 1:39, 40–42

Cuando Isabel vio a María, se puso muy contenta. El Espíritu Santo ayudó a Isabel a darse cuenta de que Dios había escogido a María para ser la madre de su Hijo. Isabel dijo a María: "¡Dios te ha bendecido más que a todas las mujeres, y ha bendecido a tu hijo!" (Lucas 1:42)

Estas palabras son parte de una oración de la Iglesia, el Ave María.

Dios te salve María,
llena eres de gracia,
el Señor es contigo;
bendita tú eres entre todas
las mujeres y bendito es el fruto
de tu vientre, Jesús.
Santa María, Madre de Dios,
ruega por nosotros pecadores, ahora y
en la hora de nuestra muerte. Amén.

🧍 Subraya las palabras de Isabel a María. Reza un Ave María.

Como católicos...

El rosario es una oración en honor a María. Usamos cuentas cuando rezamos el rosario. Empezamos con la señal de la cruz, luego rezamos el Credo, un Padrenuestro, tres Ave Marías y un Gloria. Después hay cinco grupos de diez cuentas con las que rezamos diez Ave Marías. Cada grupo de cuentas empieza con un Padrenuestro y termina con un Gloria.

Mientras rezamos las Ave Marías pensamos en la vida de Jesús y María. Esta semana reza el rosario en familia.

Mary is Jesus' mother. Jesus loved and honored her. We love and honor Mary as our mother, too. Mary is a holy woman. She is the greatest of saints. She is an example for all of Jesus' disciples.

 How can we honor Mary as the greatest saint?

We honor Mary with special prayers.

Mary had a cousin named Elizabeth. Elizabeth was going to have a baby, too. Mary went to visit her.

📖 Luke 1:39, 40–42

When Elizabeth saw Mary, she was very happy and excited. The Holy Spirit helped Elizabeth to know that God had chosen Mary to be the mother of his own Son. Elizabeth said to Mary, "Most blessed are you among women, and blessed is the fruit of your womb." (Luke 1:42)

These words to Mary are part of one of the Church's prayers, the Hail Mary.

Hail Mary, full of grace,
the Lord is with you!
Blessed are you among women,
and blessed is the fruit of your womb,
  Jesus.
Holy Mary, Mother of God,
pray for us sinners,
now and at the hour of our death. Amen.

 Underline Elizabeth's words to Mary. Pray the Hail Mary.

As Catholics...

The rosary is a prayer in honor of Mary. When we pray the rosary we use beads as we pray. We begin with the Sign of the Cross, the Apostles' Creed, Our Father, three Hail Marys and a Glory to the Father. Then there are five sets of ten beads to pray Hail Marys. Each set begins with the Our Father and ends with the Glory to the Father.

As we pray each set of beads, we think about the lives of Jesus and Mary. This week pray the rosary with your family.

279

Honramos a María en días especiales.

Los católicos honramos a María durante el año. Nos reunimos para celebrar la misa en días especiales de fiestas a María. He aquí algunos de esos días.

Vocabulario

santos son todos los miembros de la Iglesia que han muerto y están felices con Dios en el cielo para siempre

procesión es una caminata de oración

Fecha	celebramos
1 de enero	María, Madre de Dios.
15 de agosto	María está en el cielo.
8 de diciembre	María fue concebida sin pecado original.

Algunas comunidades parroquiales se reúnen para honrar a María haciendo una procesión. **Procesión** es una caminata de oración. Mientras se camina, la gente reza y canta. El 12 de diciembre muchas parroquias hacen una procesión en honor a Nuestra Señora de Guadalupe.

Dentro y fuera de las casas y las iglesias, con frecuencia la gente coloca estatuas e imágenes de María.

RESPONDEMOS

¿Qué puedes hacer para honrar a María?

 Del cielo ha bajado

Del cielo ha bajado la madre de Dios. Cantemos el Ave a su concepción.

Ave, ave, ave María.
Ave, ave, ave María.

We honor Mary on special days.

Catholics honor Mary during the year. On special days, called feast days, the whole parish gathers for Mass. Here are some of Mary's feast days.

Date	We gather to celebrate
January 1	Mary is the Mother of God.
August 15	Mary is in heaven.
December 8	Mary was free from sin from the very first moment of her life.

Sometimes parish communities gather to honor Mary by having a procession. A **procession** is a prayer walk. While walking, people pray and sing. On December 12, many parishes have a procession to honor Mary as Our Lady of Guadalupe.

Inside and outside homes and churches, people often put statues and pictures of Mary.

WE RESPOND

What can you do to honor Mary?

 Immaculate Mary

Immaculate Mary,
your praises we sing.
You reign now in heaven
with Jesus our King.
Ave, Ave, Ave, Maria!
Ave, Ave, Maria!

Usa las palabras en el cuadro para completar la oración.

| Isabel | Santos | Ave María | honran | María |

1. _____ es la mayor entre los santos.

2. El _____ es una oración de la Iglesia a María.

3. Días de fiesta y procesiones _____ a María.

4. _____ son todos los miembros de la Iglesia que han muerto y están felices en el cielo con Dios para siempre.

5. ¿Por qué recordamos a los santos?

_____

Reflexiona y ora

Los santos nos muestran como ser santos. Ellos

_____

Use the words in the box to complete the sentences.

| Elizabeth | Saints | Hail Mary | honor | Mary |

1. _____ is the greatest saint.

2. The _____ is one of the Church's prayers to honor Mary.

3. Feast days and processions are ways to

   _____ Mary.

4. _____ are all the members of the Church who have died and are happy with God forever in heaven.

5. Why do we remember the saints?

   _____

Reflect & Pray

Saints show us ways to be holy. They

_____

Respondemos y compartimos la fe

Compartiendo lo aprendido

Mira la ilustración. Úsala para contar a tu familia lo que aprendiste en este capítulo.

Para que todos vean

"¡Dios te ha bendecido más que a todas las mujeres!"
Lucas 1:42

Recuerda

- La Iglesia honra a los santos.
- La Iglesia honra a María.
- Honramos a María con oraciones especiales.
- Honramos a María en días especiales.

NUESTRA VIDA CATÓLICA

Obras de arte

Nuestras iglesias siempre tienen hermosas obras de arte. Pinturas y vitrales muestran escenas de la vida de Jesús o de los santos. Nos cuentan historias por medio de pinturas. Los artistas nos enseñan lo que Jesús, la Santísima Madre y los santos hicieron. Mirar estas obras nos ayuda a rezar.

Conexión con el Catecismo
Para referencia vea los párrafos 957, 963, 2676 y 971.

We Respond and Share the Faith

Sharing What I Learned

Look at the picture. Use it to tell your family what you learned in this chapter.

For All to See

"Most blessed are you among women."
Luke 1:42

Remember

- The Church honors the saints.
- The Church honors Mary.
- We honor Mary with special prayers.
- We honor Mary on special days.

OUR CATHOLIC LIFE

Works of Art

Our churches have always been filled with beautiful works of art. Paintings and stained-glass windows have shown scenes from the life of Jesus or from the lives of the saints. By telling stories through pictures, artists teach us about what Jesus, the Blessed Mother, and the saints did. Looking at these works of art helps us to pray.

Connect to the Catechism
For adult background and reflection, see paragraphs 957, 963, 2676, and 971.

Visit Sadlier's
www.CREEMOSweb.com

Mostramos amor y respeto

NOS CONGREGAMOS

✝ **Líder:** Vamos a escuchar una lectura de la carta de Pablo a los corintios.

Lector: "Tener amor es saber soportar. El amor jamás dejará de existir. Tres cosas hay que son permanentes: la fe, la esperanza y el amor; pero la más importante de las tres es el amor".

(1 Corintios 13:4, 8, 13)

Palabra de Dios.

Todos: Te alabamos Señor.

🎵 **Amor de Dios /O Love of God**

Amor de Dios, convócanos.
Amor de Dios, haznos uno.
Que compartamos lo que recibimos
para construir la comunidad,
para construir la comunidad.

 ¿Cuáles son algunas personas a quienes quieres? ¿Cómo les muestras tu cariño?

CREEMOS

Vivimos en el amor de Dios.

Dios nos ha dado muchos regalos. Nos ha dado su creación y sus leyes para que lo conozcamos y lo amemos. Nos ha dado su palabra en la Biblia y la Iglesia para ayudarnos y guiarnos.

We Show Love and Respect

WE GATHER

 Leader: Let us listen to a reading from Paul to the Corinthians.

Reader: "Love is patient, love is kind. Love never fails. Faith, hope, love remain, these three; but the greatest of these is love."

(1 Corinthians 13:4, 8, 13)

The word of the Lord.

All: Thanks be to God.

🎵 **Amor de Dios /O Love of God**

O love of God, gather us,
amor de Dios, haznos uno,
that we may share the gifts we are given;
para construir la comunidad,
para construir la comunidad.

☀ Who are some of the people you love? How do you show your love for them?

WE BELIEVE

We live in God's love.

God has given us many gifts. He has given us creation and laws to know and love him. He has given us his word in the Bible and the Church to help and guide us.

287

El mejor regalo de Dios es su Hijo, Jesús. Por Jesús podemos compartir la gracia, la vida y el amor de Dios. Recibimos la gracia cada vez que celebramos los sacramentos. Somos fortalecidos por el Espíritu Santo. Tenemos los dones de fe, esperanza y caridad.

La fe nos ayuda a creer en Dios, Padre, Hijo y Espíritu Santo. Creemos en Dios y todo lo que ha hecho por nosotros.

La esperanza nos ayuda a creer en Jesús y en la promesa de que Dios siempre nos ama.

La caridad hace posible que amemos a Dios y a los demás. Dios siempre comparte su amor con nosotros.

Encierra en un círculo una letra sí y otra no para encontrar la palabra que completa la oración.

J A E M S O U R S

El mejor regalo que Dios nos ha dado es

_____

¿Qué palabra forman las letras restantes?

Jesús nos enseñó a amar a los demás.

Dios nos ama tanto que envió a su Hijo a compartir su amor con nosotros. Jesús compartió el amor de Dios con todo el mundo. El pidió a sus seguidores hacer lo mismo.

Jesús enseñó a sus seguidores a amar a Dios y a los demás. El nos enseñó a: rezar al Padre, vivir en familia, ser buen amigo y vecino, amar y respetar a los pobres y los enfermos.

God's greatest gift is his Son, Jesus. Jesus gives us a share in grace, God's life and love. We receive grace each time we celebrate the sacraments. We are strengthened by the Holy Spirit. We are filled with the gifts of faith, hope, and love.

Faith helps us to believe in God the Father, the Son, and the Holy Spirit. We believe in God and all that he has done for us.

Hope makes it easier to trust in Jesus and in God's promise to love us always.

Love makes it possible for us to love God and others. God always shares his love with us.

Circle every other letter to find a word to complete this sentence.

J L E O S V U E S

The greatest gift we can give God is our

_____

What word do the remaining letters spell?

Jesus taught us to love others.

God loves us so much that he sent his Son to share his love with us. Jesus shared God's love with all people. He asked his followers to do the same.

Jesus taught his followers to love God and one another. He showed us the way to: pray to the Father, live as a family, be a good friend and neighbor, and love and respect those who are poor and sick.

Jesús amó mucho a sus seguidores. El les pidió seguir su ejemplo.

📖 Juan 13:34–35

Jesús dijo: "Les doy este mandamiento nuevo: Que se amen los unos a los otros. Así como yo los amo a ustedes, así deben amarse ustedes los unos a los otros. Si se aman los unos a los otros, todo el mundo se dará cuenta de que son discípulos míos". (Juan 13:34–35)

El **nuevo mandamiento** de Jesús es amarse unos a otros como él nos ama.

🏃 Habla sobre formas en que Jesús mostraba su amor. ¿Cómo puedes seguir su ejemplo?

Amamos y respetamos a los demás.

El amar como Jesús nos acerca a Dios y a los demás. Mostramos nuestra fe en Dios amándolo y respetándolo. Honramos el nombre de Dios como signo de nuestro amor. Juntos lo alabamos. Damos gracias a Dios por todo lo que ha hecho por nosotros.

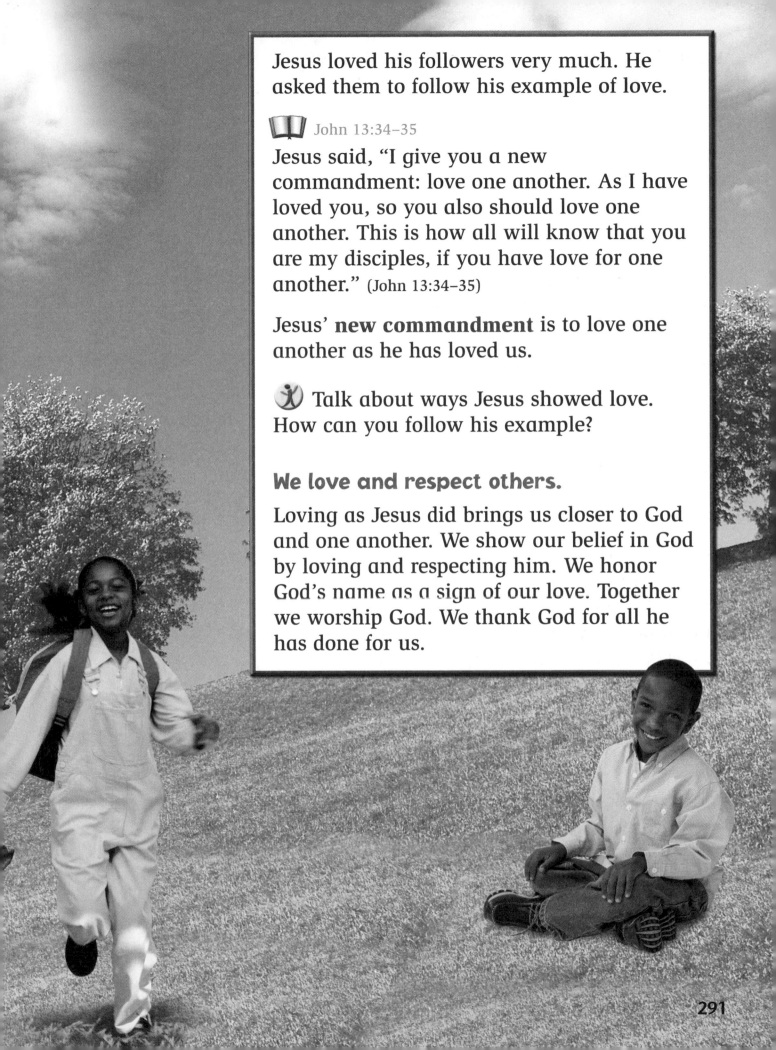

Jesus loved his followers very much. He asked them to follow his example of love.

📖 John 13:34–35

Jesus said, "I give you a new commandment: love one another. As I have loved you, so you also should love one another. This is how all will know that you are my disciples, if you have love for one another." (John 13:34–35)

Jesus' **new commandment** is to love one another as he has loved us.

Talk about ways Jesus showed love. How can you follow his example?

We love and respect others.

Loving as Jesus did brings us closer to God and one another. We show our belief in God by loving and respecting him. We honor God's name as a sign of our love. Together we worship God. We thank God for all he has done for us.

Cumplir el nuevo mandamiento de Jesús nos ayuda a seguir los mandamientos de Dios. Tratamos de amar a nuestra familia, amigos y a todo el mundo como él lo hizo. Respetamos y obedecemos a los que nos cuidan. Tratamos de ser amables, justos y fieles. Compartimos lo que tenemos. Respetamos las pertenencias de los demás.

👤 Subraya la oración que dice cómo vas a cumplir hoy el nuevo mandamiento de Jesús.

Respetamos la creación de Dios.

Dios nos pide respetar su regalo de la creación. Dios creó la tierra y el mar, el sol, la luna y las estrellas. Dios creó a todos los animales y las plantas. El también nos creó. Todo lo creado por Dios es bueno.

Los humanos tienen un lugar especial en la creación de Dios. Dios nos ha pedido cuidar de los regalos de la creación. Los regalos de la creación de Dios están en todas partes.

Cuidamos del mundo. Protegemos todo lo que Dios ha creado. Trabajamos juntos para compartir la bondad de la creación.

RESPONDEMOS

👤 Escribe una manera en que ayudarás a cuidar de la creación.

_____

Como católicos...

Los regalos de la creación pertenecen a todo el mundo. Sin embargo, hay muchas partes en el mundo donde hay personas con hambre y sed. Debemos compartir lo que tenemos. También tenemos que ayudarlos a cultivar comida y encontrar agua. Esto significa cuidar de la creación de Dios. Averigua lo que tu vecindario está haciendo para cuidar de la creación de Dios.

Following Jesus' new commandment helps us to follow all of God's commandments. We try to love our family, friends, and all people as he did. We respect and obey all those who take care of us. We also try to be kind, fair, and truthful. We share the things we have. We respect the belongings of other people.

 Underline the sentence that tells how you will follow Jesus' new commandment today.

We respect God's creation.

God asks us to respect his gift of creation. God created the land and the sea, the sun, moon, and stars. God created all the animals and plants. He created us, too! All that God created is good.

People have a special place in God's creation. God has asked us to take care of his gifts of creation. The gifts of God's creation are everywhere!

We care for the world. We protect all that God created. We work together to share the goodness of creation.

As Catholics...

The gifts of creation belong to all people everywhere. However, there are many parts of the world where people are hungry and thirsty. So we share what we have. We also help them to grow food and find water. This is part of what it means to care for God's creation. Find out what your neighborhood is doing to take care of God's creation.

WE RESPOND

Write one way you will help to care for creation.

_____

Repaso

Capítulo 26

Colorea el círculo al lado de la respuesta correcta.

1. Jesús compartió el amor de Dios con _____ el mundo.

   ○ algunos   ○ todo   ○ poco

2. El nuevo mandamiento de Jesús es amarnos unos a otros como _____ nos ha amado.

   ○ él   ○ sus seguidores   ○ sus vecinos

3. Los _____ tienen un lugar especial en la creación de Dios.

   ○ árboles   ○ humanos   ○ animales

4. El mejor regalo que Dios nos hizo es su _____.

   ○ Hijo   ○ creación   ○ ley

Escribe tu respuesta.

5. Los dones de fe, esperanza y caridad nos ayudan a

   _____

Reflexiona y ora

Jesús, muéstranos como

_____

Gracias por compartir tu vida y amor con nosotros.

Fill in the circle beside the correct answer.

1. Jesus shared God's love with _____ people.

   ○ a few   ○ all   ○ some

2. Jesus' new commandment is to love one another as _____ loved us.

   ○ he   ○ his followers   ○ his neighbors

3. _____ have a special place in God's creation.

   ○ Plants   ○ People   ○ Animals

4. God's greatest gift to us is his _____.

   ○ Son   ○ creation   ○ law

Write your answer.

5. The gifts of faith, hope, and love help us

   _____

Reflect & Pray

Jesus, you show us

_____

Thank you for sharing your life and love with us.

Respondemos y compartimos la fe

Compartiendo lo aprendido

Mira la ilustración. Usala para contar a tu familia lo que aprendiste en este capítulo.

Para que todos recen

Reúne a tu familia. Lean estas palabras de una de las cartas de San Pablo.

"Tener amor es saber soportar;
es ser bondadoso;
es no tener envidia,
ni ser presumido, ni orgulloso,
ni grosero, ni egoísta;
es no enojarse ni guardar rencor;
es no alegrarse de las injusticias".

1 Corintios 13:4, 5, 6

Hablen sobre el significado de esas palabras para la familia.

Recuerda

- Vivimos en el amor de Dios.
- Jesús nos enseñó a amar a los demás.
- Amamos y respetamos a los demás.
- Respetamos la creación de Dios.

NUESTRA VIDA CATOLICA

Cuenta tu historia aquí.

Pega tu foto aquí.

Visita Sadlier en
www.CREEMOSweb.com

Conexión con el Catecismo
Para referencia vea los párrafos 1694, 1823, 1825 y 307.

We Respond and Share the Faith

Sharing What I Learned

Look at the picture. Use it to tell your family what you learned in this chapter.

Remember

- We live in God's love.
- Jesus taught us to love others.
- We love and respect others.
- We respect God's creation.

For All to Pray

Gather your family together. Read these words from one of Saint Paul's letters.

"Love is patient, love is kind. It is not jealous, . . . it is not rude, . . . it does not rejoice over wrongdoing but rejoices with the truth."
1 Corinthians 13:4, 5, 6

Talk about what the words mean for your family.

OUR CATHOLIC LIFE

Tell your story here.

Place your photo here.

Connect to the Catechism
For adult background and reflection, see paragraphs 1694, 1823, 1825, and 307.

Visit Sadlier's
www.CREEMOSweb.com

Pascua es el tiempo en que celebramos la Resurrección de Jesús.

NOS CONGREGAMOS

¿Cómo muestras que estás feliz? Muestra algunas de las cosas que haces.

CREEMOS

Los Tres Días nos llevan al tiempo de Pascua. Es tiempo de regocijo. El tiempo de Pascua dura cincuenta días.

Durante la Pascua celebramos que Jesús resucitó de la muerte. Damos gracias por la nueva vida que él nos trae.

Escenifiquen este drama de pascua.

Líder: Durante todo el tiempo de Pascua la Iglesia canta "Aleluya". Aleluya quiere decir "Gloria a Dios". Vamos a alabar a Dios.

Cristo ha resucitado. ¡Aleluya!

Easter is a season to celebrate the Resurrection of Jesus.

WE GATHER

How do you show you are happy? Act out some things you do.

WE BELIEVE

The Three Days lead us to the Easter season. The Easter season is a time of rejoicing. This season lasts fifty days.

During the Easter season, we celebrate that Jesus rose from the dead. We give thanks for the new life he brings us.

Act out this Easter celebration.

Leader: All during the season of Easter, the Church sings the song of "Alleluia." Alleluia means "Praise God!" Let us praise God now.

Christ has risen, Alleluia!

Líder: *(Cantemos)* ¡Aleluya, aleluya, aleluya!

Todos: ¡Aleluya, aleluya, aleluya!

📖 Lucas 24:1–9

Lector 1: El primer día de la semana, muy temprano, las mujeres fueron a la tumba. Llevaban especias para ungir el cuerpo de Jesús. Encontraron la piedra fuera de lugar. El cuerpo de Jesús no estaba.

Lector 2: Mientras estaban ahí paradas, dos ángeles se les aparecieron. Las mujeres sintieron miedo.

Angel 1: ¿Están buscando a Jesús? El no está aquí. El resucitó.

Angel 2: Recuerden lo que él les dijo. Que daría su vida por ustedes. Que sería crucificado. Dijo que resucitaría al tercer día.

Lector 3: Las mujeres se alegraron. Corrieron a contar a los otros discípulos lo que habían visto y escuchado.

Todos: *(Cantemos)* ¡Aleluya, aleluya, aleluya!

Como las mujeres en la tumba, nosotros vamos a contar a otros sobre la resurrección de Jesús. Queremos que sepan la buena nueva de que Jesús murió y resucitó por todos. Queremos compartir el gozo de creer en Jesús.

Leader: *(singing)* Alleluia, alleluia, alleluia!

All: Alleluia, alleluia, alleluia!

📖 Luke 24:1–9

Reader 1: On the first day of the week, at dawn, the women went to the tomb. They were bringing spices to bless Jesus' body. They found the stone rolled away. The body of Jesus was gone!

Reader 2: While they stood there, two angels appeared beside them. The women were frightened.

Angel 1: Are you looking for Jesus? He is not here. He has been raised up.

Angel 2: Remember what Jesus told you. He said that he would give his life for us. He would be crucified. He said that on the third day he would rise again.

Reader 3: Then the women were filled with joy. They ran back to tell the other disciples what they had seen and heard.

All: *(singing)* Alleluia, alleluia, alleluia!

Like the women at the tomb, we go and tell others about Jesus' Resurrection. We want them to know the good news that Jesus died and rose for all people. We want to share the joy that comes from believing in Jesus.

¿Qué alegre mensaje de Pascua sobre Jesús te gustaría compartir? Escríbelo aquí.

✝ Respondemos en oración

Líder: Jesús, sabemos que vives y que estás con nosotros. ¡Aleluya!

Lector 1: Demos gracias al Señor, porque es bueno, porque es eterna su misericordia. ¡Aleluya!

Todos: Este es el día que hizo el Señor, sea nuestra alegría y nuestro gozo.

Lector 2: Da tu corazón a Jesucristo porque él ha resucitado. ¡Aleluya!

Todos: Este es el día que hizo el Señor, sea nuestra alegría y nuestro gozo.

Lector 3: Creemos. ¡Aleluya, aleluya, aleluya!

Todos: Este es el día que hizo el Señor, sea nuestra alegría y nuestro gozo.

🎵 **Salmo 117: Este es el día**

Este es el día en que actuó el Señor:
sea nuestra alegría y nuestro gozo.
Dad gracias al Señor porque es bueno,
porque es eterna su misericordia.
¡Aleluya, aleluya!

WE RESPOND

What joyful Easter message about Jesus would you like to share? Write it here.

✝ We Respond in Prayer

Leader: Jesus, we know you are alive and with us today. Alleluia!

Reader 1: Give thanks to the Lord, for he is good, for his mercy lasts forever, alleluia!

All: This is the day the Lord has made; let us rejoice and be glad.

Reader 2: Set your heart on Jesus Christ, for he is risen, alleluia!

All: This is the day the Lord has made; let us rejoice and be glad.

Reader 3: This we believe. Alleluia, alleluia, alleluia!

All: This is the day the Lord has made; let us rejoice and be glad.

🎵 This Is the Day

This is the day, this is the day
that the Lord has made, that the Lord has made;
we will rejoice, we will rejoice
and be glad in it, and be glad in it.

This is the day that the Lord has made;
we will rejoice and be glad in it.
This is the day, this is the day
that the Lord has made.

Respondemos y compartimos la fe

Compartiendo lo aprendido

Mira la ilustración. Usala para contar a tu familia lo que aprendiste en este capítulo.

Oración en familia

Durante el tiempo de Pascua la Iglesia reza tres aleluyas seguidas. Añadan el gozo de la pascua a las oraciones de la tarde y de las comidas diciendo tres aleluyas.

Para que todos vean y recen

Reúne a toda la familia y compartan el gozo que es creer en Jesús. Invita a cada persona a dibujar un signo de nueva vida en la bandera Aleluya.

¡Aleluya!

Visita Sadlier en
www.CREEMOSweb.com

 Conexión con el Catecismo
Para referencia vea el párrafo 641.

We Respond and Share the Faith

Sharing What I Learned

Look at the picture. Use it to tell your family what you learned in this chapter.

Family Prayer

During the Easter season, the Church often prays three alleluias in a row. Add Easter joy to meal prayers or evening prayers by praying three alleluias.

For All to See and Pray

Gather with your family to share the joy that comes from believing in Jesus. Invite each member of your family to draw signs of new life on the Alleluia banner.

Alleluia!

Connect to the Catechism
For adult background and reflection, see paragraph 641.

Visit Sadlier's
www.CREEMOSweb.com

Los Diez Mandamientos

1. Yo soy el Señor tu Dios: no tendrás más Dios fuera de mí.

2. No tomarás el nombre de Dios en vano.

3. Recuerda mantener santo el día del Señor.

4. Honra a tu padre y a tu madre.

5. No matarás.

6. No cometerás adulterio.

7. No robarás.

8. No darás falso testimonio en contra de tu prójimo.

9. No desearás la mujer de tu prójimo.

10. No codiciarás los bienes ajenos.

The Ten Commandments

1. I am the LORD your God: you shall not have strange gods before me.

2. You shall not take the name of the LORD your God in vain.

3. Remember to keep holy the LORD's Day.

4. Honor your father and your mother.

5. You shall not kill.

6. You shall not commit adultery.

7. You shall not steal.

8. You shall not bear false witness against your neighbor.

9. You shall not covet your neighbor's wife.

10. You shall not covet your neighbor's goods.

Mi libro de la misa

El sacerdote nos bendice.
El sacerdote o el diácono dice:
"Podéis ir en paz".

Respondemos:

"Demos gracias a Dios".

Nos vamos a vivir como
seguidores de Jesús.

Nos saludamos.

Nos ponemos de pie y cantamos.

Hacemos la señal de la cruz.

El sacerdote dice:
"El Señor esté con vosotros".

Respondemos:

"Y con tu espíritu".

Nos reunimos en nuestra parroquia.

Recordamos y celebramos lo que Jesús hizo y dijo en la última cena.

Cortar aquí.

Doblar aquí.

Pedimos perdón a Dios y a los demás.

Alabamos a Dios cantando:

"Gloria a Dios en el cielo, y paz en la tierra a los hombres".

Después el sacerdote nos invita a compartir la Eucaristía. Al recibir el Cuerpo y la Sangre de Cristo respondemos:

"Amén".

Mientras esto pasa cantamos un himno de acción de gracias.

Nos preparamos para recibir a Jesús. Juntos rezamos o cantamos el Padrenuestro. Después compartimos el saludo de la paz diciendo:

"La paz sea contigo".

Cortar aquí.

La Liturgia de la Palabra

Escuchamos dos lecturas de la Biblia. Después de cada una, el lector dice: "Palabra de Dios". Respondemos:

"Te alabamos, Señor".

Después el sacerdote toma la copa de vino y dice:

"Tomad y bebed todos de él, porque este es el cáliz de mi Sangre …"

Nos ponemos de pie para decir en voz alta lo que creemos como católicos. Después rezamos por la Iglesia y por todo el mundo. Después de cada petición respondemos:

"Señor, escucha nuestra oración".

Nos ponemos de pie y cantamos **aleluya**.

El sacerdote o el diácono lee el evangelio. Al terminar de leer dice: "Palabra del Señor".

Respondemos:

"Gloria a ti, Señor Jesús".

Cortar aquí.

Doblar aquí.

Cantamos o rezamos:

"Amén".

Creemos que Jesucristo está verdaderamente presente en la Eucaristía.

La Liturgia de la Eucaristía

Con el sacerdote preparamos el altar. Llevamos las ofrendas de pan y vino al altar. El sacerdote prepara esos regalos. Rezamos:

"Bendito seas por siempre, Señor".

Después recordamos lo que Jesús hizo y dijo en la última cena. El sacerdote toma el pan y dice:
"Tomad y comed todos de él. Esto es mi Cuerpo que será entregado por vosotros".

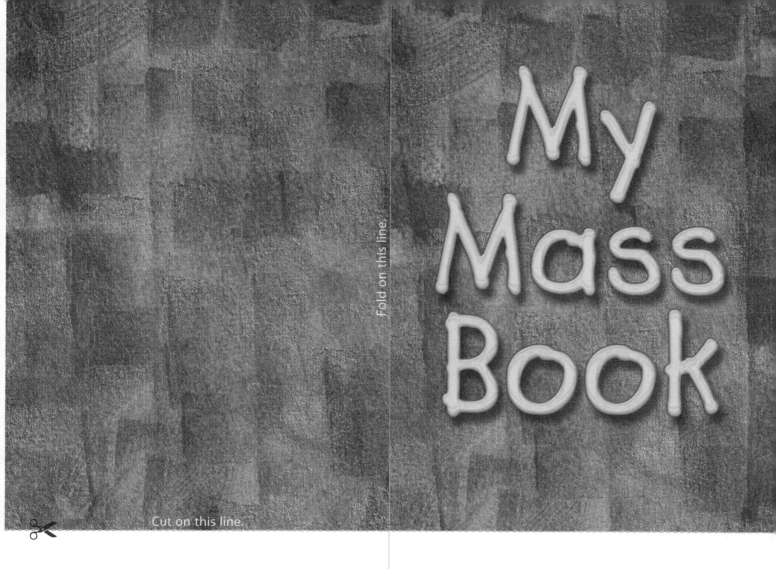

My Mass Book

Fold on this line.

Cut on this line.

The priest blesses us.
The priest or deacon says,
"Go in peace to love and
serve the Lord."
We say,
"Thanks be to God."
We go out to live as
Jesus' followers.

We welcome one another.
We stand and sing.
We pray the Sign of the Cross.
The priest says,
"The Lord be with you."
We answer,
"And also with you."

We gather with our parish.
We remember and celebrate
what Jesus said and did at the
Last Supper.

Cut on this line.

Fold on this line.

We ask God and one another
for forgiveness.
We praise God as we sing,

**"Glory to God in the highest,
and peace to his people
on earth."**

Then the priest invites us to
share in the Eucharist.
As people receive the Body
and Blood of Christ, they
answer,

"Amen."

While this is happening, we
sing a song of thanks.

We get ready to receive Jesus. Together we pray or sing the Our Father. Then we share a sign of peace.
We say,
"Peace be with you."

Cut on this line.

The Liturgy of the Word

We listen to two readings from the Bible.
After each one, the reader says, "The word of the Lord."
We answer,
"Thanks be to God."

Then the priest takes the cup of wine.
He says,
"Take this, all of you, and drink from it: this is the cup of my blood. . . ."

We stand to say aloud what we believe as Catholics.
Then we pray for the Church and all people.
After each prayer we say,
"Lord, hear our prayer."

We stand and sing **Alleluia.**
The priest or deacon reads the gospel.
Then he says,
"The Gospel of the Lord."
We answer,
**"Praise to you,
Lord Jesus Christ."**

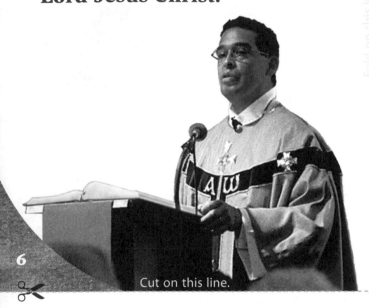

Cut on this line.

We sing or pray,

"Amen."

We believe Jesus Christ is really present in the Eucharist.

The Liturgy of the Eucharist

With the priest, we prepare the altar.
People bring gifts of bread and wine to the altar.
The priest prepares these gifts.
We pray,
"Blessed be God for ever."

Then we remember what Jesus said and did at the Last Supper.
The priest takes the bread.
He says,
"Take this, all of you, and eat it: this is my body which will be given up for you."

Oraciones

Señal de la Cruz

En el nombre del Padre, y del Hijo, y del Espíritu Santo. Amén.

Gloria

Gloria al Padre, y al Hijo, y al Espíritu Santo.

Como era en el principio, ahora y siempre, por los siglos de los siglos. Amén.

Oración para la mañana

Mi Dios, te ofrezco en este día todo lo que piense, haga y diga, unido a lo que en la tierra hizo Jesucristo, tu Hijo.

Oración para la noche

Dios de amor, antes de dormir quiero agradecerte este día lleno de tu bondad y de tu gozo. Cierro mis ojos y descanso seguro de tu amor.

Oración antes de comer

Bendícenos Señor, y a estos dones que vamos a recibir de tu generosidad, por Cristo nuestro Señor. Amén.

Oración después de comer

Te damos gracias, Dios todopoderoso, por este y todos los dones que de ti hemos recibido, por Cristo nuestro Señor. Amén.

Credo de los Apóstoles

Creo en Dios, Padre todopoderoso,
Creador del cielo y de la tierra.
Creo en Jesucristo, su único Hijo,
nuestro Señor,
que fue concebido por obra y gracia
del Espíritu Santo,
nació de santa María Virgen,
padeció bajo el poder de Poncio
Pilato, fue crucificado,
muerto y sepultado,
descendió a los infiernos,
al tercer día resucitó
de entre los muertos,
subió a los cielos
y está sentado a la derecha de Dios,
Padre todopoderoso.
Desde allí ha de venir a juzgar
a vivos y muertos.
Creo en el Espíritu Santo,
la santa Iglesia católica,
la comunión de los santos,
el perdón de los pecados,
la resurrección de la carne
y la vida eterna. Amén.

Prayers

Sign of the Cross

In the name of the Father,
and of the Son,
and of the Holy Spirit.
Amen.

Glory to the Father

Glory to the Father,
    and to the Son,
    and to the Holy Spirit:
as it was in the beginning,
    is now, and will be forever.
Amen.

Morning Offering

My God, I offer you today
all that I think and do and say,
uniting it with what was done
on earth, by Jesus Christ,
your Son.

Evening Prayer

Dear God, before I sleep
I want to thank you for this day
so full of your kindness
    and your joy.
I close my eyes to rest
safe in your loving care.

Grace Before Meals

Bless us, O Lord, and these your gifts
which we are about to receive
from your goodness.
Through Christ our Lord.
Amen.

Grace After Meals

We give you thanks,
    almighty God,
for these and all your gifts,
which we have received,
through Christ our Lord.
Amen.

Apostles' Creed

I believe in God, the Father almighty,
    creator of heaven and earth.

I believe in Jesus Christ,
    his only Son, our Lord.
    He was conceived by the power
        of the Holy Spirit
        and born of the Virgin Mary.
    He suffered under Pontius Pilate,
        was crucified, died, and
            was buried.
    He descended to the dead.
    On the third day he rose again.
    He ascended into heaven,
        and is seated at the right hand
            of the Father.
    He will come again to judge
        the living and the dead.

I believe in the Holy Spirit,
    the holy catholic Church,
    the communion of saints,
    the forgiveness of sins,
    the resurrection of the body,
    and the life everlasting.
    Amen.

Glosario

absolución (página 140) Dios perdona nuestros pecados por medio del sacerdote en el sacramento de la Reconciliación

Antiguo Testamento (página 92) la primera parte de la Biblia

apóstoles (página 28) doce hombres escogidos por Jesús para dirigir la Iglesia

asamblea (página 180) comunidad de personas que se reúne para celebrar la misa

Bautismo (página 52) sacramento que nos libera del pecado y nos da la gracia

Biblia (página 92) libro donde está escrita la palabra de Dios

católicos (página 40) miembros bautizados de la Iglesia, dirigidos y guiados por el papa y los obispos

conciencia (página 128) don de Dios que nos ayuda a saber lo que es bueno y lo que es malo

confesión (página 140) decir nuestros pecados al sacerdote en el sacramento de la Reconciliación

Confirmación (página 64) el sacramento que nos sella con el don del Espíritu Santo y nos fortalece

contrición (página 140) estar arrepentido de nuestros pecados y prometer no volver a pecar

culto (página 40) alabar y dar gracias a Dios

Diez Mandamientos (página 104) diez leyes especiales que Dios dio a su pueblo

diócesis (página 256) área de la Iglesia dirigida por un obispo

discípulos (página 28) los que siguen a Jesús

divino (página 16) palabra usada sólo para describir a Dios

Eucaristía (página 168) el sacramento del Cuerpo y la Sangre de Jesucristo

evangelios (página 92) los cuatro primeros libros del Nuevo Testamento que hablan de las enseñanzas y la vida de Jesús en la tierra

fe (página 40) don de Dios que nos ayuda a confiar y a creer en él

gracia (página 52) la vida de Dios en nosotros

Gran Mandamiento (página 104) enseñanza de Jesús sobre el amor a Dios y a los demás

homilía (página 192) palabras que el sacerdote o el diácono dice sobre las lecturas de la misa para ayudarnos a entenderlas y vivirlas

Iglesia (página 28) todos los bautizados en Cristo y que siguen sus enseñanzas

libre albedrío (página 116) el don de Dios que nos permite tomar decisiones

Liturgia de la Eucaristía (página 204) la parte de la misa en la que las ofrendas de pan y vino se convierten en el Cuerpo y la Sangre de Cristo

Liturgia de la Palabra (página 192) la primera parte de la misa en la que escuchamos la palabra de Dios

llamado por Dios (página 244) invitado por Dios a amarle y a servirle

mandamientos (página 104) leyes de Dios

misa (página 168) la celebración de la Eucaristía

misericordia (página 116) el amor y el perdón de Dios

nuevo mandamiento (página 292) el mandamiento de Jesús de amarnos unos a otros como él nos ama

Nuevo Testamento (página 92) la segunda parte de la Biblia

obispos (página 256) líderes de la Iglesia que continúan la misión de los apóstoles

orar (página 268) hablar y escuchar a Dios

oración eucarística (página 204) la oración más importante de la misa

papa (página 256) líder de toda la Iglesia que continúa la misión de San Pedro

párroco (página 256) sacerdote que dirige y sirve a una parroquia

parroquias (página 40) comunidades que rinden culto y trabajan juntas

pecado (página 116) pensamiento, palabra u obra que cometemos libremente aun cuando sabemos es malo

pecado mortal (página 116) pecado que rompe nuestra relación con Dios

pecado original (página 52) el primer pecado cometido por los primeros humanos desobedeciendo a Dios

pecado venial (página 116) pecado que daña nuestra relación con Dios

Penitencia y Reconciliación (página 128) el sacramento en que recibimos y celebramos el perdón de Dios por nuestros pecados

penitencia (página 140) oración u obra que el sacerdote nos pide hacer para reparar nuestros pecados

procesión (página 280) caminata de oración

resurrección (página 28) Jesús vive después de la muerte

sacramento (página 40) signo especial dado por Jesús

sagrada comunión (página 168) recibir el Cuerpo y la Sangre de Cristo

sagrada familia (página 16) la familia de Jesús, María y José

salmo (página 192) canto de alabanza de la Biblia

Santísima Trinidad (página 16) tres Personas en un solo Dios

Santísimo Sacramento (página 216) otro nombre para la Eucaristía

santos (página 280) todos los miembros de la Iglesia que han muerto y están felices con Dios en el cielo para siempre

tabernáculo (página 216) lugar especial en la iglesia en donde se mantiene el Santísimo Sacramento

Templo (página 268) lugar santo en Jerusalén donde el pueblo judío rendía culto a Dios

ultima cena (página 168) la comida que Jesús compartió con sus discípulos la noche antes de morir

unción con aceite (página 64) hacer la cruz con aceite en la frente de la persona durante la Confirmación

Glossary

absolution (page 141) God's forgiveness of our sins by the priest in the sacrament of Reconciliation

anointing with oil (page 65) tracing a cross on the person's forehead with oil during Confirmation

apostles (page 29) the twelve men chosen by Jesus to be the leaders of his disciples

assembly (page 181) the community of people who join together for the celebration of the Mass

Baptism (page 53) the sacrament in which we are freed from sin and given grace

Bible (page 93) the book in which God's word is written

bishops (page 257) leaders of the Church who carry on the work of the apostles

Blessed Sacrament (page 217) another name for the Eucharist

Blessed Trinity (page 17) the three Persons in one God

called by God (page 245) invited by God to love and serve him

Catholics (page 41) baptized members of the Church, led and guided by the pope and bishops

Church (page 29) all the people who are baptized in Jesus Christ and follow his teachings

commandments (page 105) God's laws

confession (page 141) telling our sins to the priest in the sacrament of Reconciliation

Confirmation (page 65) the sacrament that seals us with the Gift of the Holy Spirit and strengthens us

conscience (page 129) God's gift that helps us to know right from wrong

contrition (page 141) being sorry for our sins and promising not to sin again

diocese (page 257) an area of the Church led by a bishop

disciples (page 29) those who follow Jesus

divine (page 17) a word used to describe God

Eucharist (page 169) the sacrament of the Body and Blood of Jesus Christ

eucharistic prayer (page 205) the most important prayer of the Mass

faith (page 41) a gift from God that helps us to trust God and believe in him

free will (page 117) God's gift to us that allows us to make choices

gospels (page 93) four of the books in the New Testament that are about Jesus' teachings and his life on earth

grace (page 53) God's life in us

Great Commandment (page 105) Jesus' teaching to love God and others

Holy Communion (page 169) receiving the Body and Blood of Christ

Holy Family (page 17) the family of Jesus, Mary, and Joseph

homily (page 193) the talk given by the priest or deacon at Mass that helps us understand the readings and how we are to live

Last Supper (page 169) the meal Jesus shared with his disciples on the night before he died

Liturgy of the Eucharist (page 205) the second main part of the Mass in which the gifts of bread and wine become the Body and Blood of Christ

Liturgy of the Word (page 193) the first main part of the Mass when we listen to God's word

Mass (page 169) the celebration of the Eucharist

mercy (page 117) God's love and forgiveness

mortal sins (page 117) sins that break our friendship with God

new commandment (page 293) Jesus' commandment to love one another as he has loved us

New Testament (page 93) the second part of the Bible

Old Testament (page 93) the first part of the Bible

original sin (page 53) the first man and woman disobeyed God; the first sin

parishes (page 41) communities that worship and work together

pastor (page 257) the priest who leads and serves the parish

a penance (page 141) a prayer or a kind act we do to make up for our sins

Penance and Reconciliation (page 129) the sacrament in which we receive and celebrate God's forgiveness of our sins

pope (page 257) the leader of the Church who continues the work of Saint Peter

prayer (page 269) talking and listening to God

procession (page 281) a prayer walk

psalm (page 193) a song of praise from the Bible

Resurrection (page 29) Jesus' rising from the dead

sacrament (page 41) a special sign given to us by Jesus

saints (page 281) all the members of the Church who have died and are happy with God forever in heaven

sin (page 117) a thought, word, or act that we freely choose to commit even though we know that it is wrong

tabernacle (page 217) the special place in the church in which the Blessed Sacrament is kept

Temple (page 269) the holy place in Jerusalem where the Jewish people worshiped God

Ten Commandments (page 105) ten special laws God gave to his people

venial sins (page 117) sins that hurt our friendship with God

worship (page 41) to give God thanks and praise